AF450883

EL ESTOICISMO COMO FILOSOFÍA DE VIDA

SU ENSEÑANZA Y PRÁCTICA

JULIO ZARCO

www.estoicismo.guiaburros.es

Diseño de cubierta: © Marta Villarín (EDITATUM)

Maquetación de interior: © EDITATUM

Imagen de cubierta: L. Annaei Senecae Philosophi Opera, 1615-1632. Rijksmuseum, Netherlands.

Primera edición: febrero de 2023
Segunda edición: junio de 2023

ISBN: 978-84-19129-99-4
Depósito Legal: M-2605-2023

IMPRESO EN ESPAÑA/ PRINTED IN SPAIN

Te invitamos a registrar la compra de tu libro o *e-book* dándote de alta en el **Club GuíaBurros,** obtendrás directamente un cupón de **2 € de descuento** para tu próxima compra.

Además, si después de leer este libro lo has considerado útil e interesante, te agradeceríamos que hicieras sobre él una **reseña honesta en cualquier plataforma de opinión** y nos enviaras un *e-mail* a **opiniones@guiaburros.es** para poder, desde la editorial, enviarte **como regalo otro libro de nuestra colección.**

Sobre el autor

 **Julio Zarco** es médico de familia y doctor en Humanidades por la Universidad Complutense de Madrid donde imparte docencia de psicología médica y psiquiatría. Durante más de tres décadas ha compartido su vida profesional entre el ejercicio clínico asistencial, en varios centros de salud de Madrid, la docencia universitaria y las responsabilidades en la gestión sanitaria. Durante ocho años fue presidente nacional de la Sociedad Española de Médicos de Atención Primaria y primer director técnico del Museo Nacional Infanta Margarita de la Real Academia de Medicina. Durante casi cinco años dedicó su profesión a la gestión sanitaria. Ha sido director general de atención al paciente y viceconsejero de Sanidad de la Comunidad de Madrid. En la actualidad desempeña el puesto de subdirector gerente del Hospital Clínico San Carlos de Madrid y presidente de la Fundación Humans para la promoción de la humanización de la asistencia sanitaria.

Julio estuvo influido siempre por la figura de su profesor Pedro Laín Entralgo. Ha dedicado su actividad académica a la antropología médica y a la relación entre medicina y literatura. Tituló su tesis doctoral: "Análisis de la obra narrativa de Gustavo Adolfo Bécquer desde la perspectiva de la psicología arquetipal". Es amigo y discípulo de escritores como Antonio Gala, Luis Mateo Díaz o José Luis Sampedro. Siempre ha combinado la poesía y la narrativa para llegar a la percepción y conocimiento de la persona enferma, desde una óptica integral. De la misma manera, su conocimiento de la simbología, la mitología y las tradiciones místicas le han convertido en un estudioso de la meditación y de la consciencia.

En su haber el autor ha escrito entre otros: *La sombra del dolor; Ser y estar sano: cultura de la salud; El arte de ser médico; Encuentros con el silencio; GuíaBurros: La enfermedad como experiencia de transformación* y *GuíaBurros: Relajación dinámica.*

Agradecimientos

A mi padre y mi madre, a los que debo mi vida.

A Dulce, Moisés, Sara, Yumara y Moi por ser mis chispas de vida.

A mis maestros Epicteto, Séneca y Marco Aurelio por mostrarme el camino de la virtud.

Índice

Qué es este libro y para qué sirve

"Haz cada cosa en la vida como si fuera lo último que hagas".

Marco Aurelio, *Meditaciones*

Existen muchos tipos de libros que sirven para múltiples fines. La mayor parte de ellos tienen por objetivo distraer y divertir, sacarnos de nuestra vida rutinaria y llevarnos a otros mundos, otras vidas, otras formas de pensar. Este objetivo suele estar representado por la novela, la poesía y la narración en su conjunto. La obra que tiene entre sus manos pertenece a la categoría de ensayo y su objetivo fundamental es la trasmisión de conocimiento. Sin embargo, la trasmisión del conocimiento, en el momento que se petrifica en las páginas de un libro, pierde parte de su poder y se convierte en algo frío, rígido y anquilosado. Esto es así porque la verdadera trasmisión del conocimiento debe producirse de manera espontánea, viva, es decir, en la práctica de la vida cotidiana. El conocimiento sin vida es simple información; el conocimiento con vida y para la vida es sabiduría.

Este libro trata de trasmitir la forma de vida estoica y eso significa un modo de entenderla, de pensar y de sentir, y ante todo, una actitud hacia uno mismo y los demás. Una filosofía de vida es adoptar una forma de ser y estar en el mundo, y eso requiere de práctica, guías y referencias, y antes de nada, de persistencia en la conducta.

Hay filosofías de vida que se buscan y se encuentran. Otras nos llegan de una manera espontánea: siempre habían estado ahí, pero no las habíamos visto. En mi caso, este es un libro que recoge mi experiencia sobre cómo vivo la vida de una manera estoica. En ningún caso fue una filosofía buscada, sino que me encontró.

Siempre me he definido como un *buscador,* entendiendo por tal aquella persona inconformista que busca y anhela con curiosidad hallar el conocimiento, conocer y sentir la vida en su intimidad más honda y, sobre todo, conseguir ser mejor persona. Ya he pasado más de la mitad de mi vida en busca de las fuentes del conocimiento y la sabiduría, en busca de la perfección y la belleza, y en esencia, en búsqueda de mí mismo. Después de todo este tiempo y de las múltiples tribulaciones de la vida, podría decir que siempre buscaba, aunque no lo hacía en el lugar adecuado. El ser humano anhela buscar la verdad, la realidad de la vida, buscar a Dios…, para al final terminar de darse cuenta y ser consciente de que la verdadera búsqueda parte y termina en el mismo lugar: en uno mismo. Esto me recuerda la antigua historia sufí, que, como muchas otras, pertenece al acervo ancestral de la historia de la humanidad. Refieren los sufís cómo un joven tiene el sueño de encontrar un tesoro y parte en su búsqueda para terminar la historia en el mismo punto de salida, pues el tesoro no se encontraba en ningún país lejano, estaba en su propia casa. Nosotros, el ser humano, somos el tesoro de esta historia y tan solo, nada más y nada menos, tenemos que quedarnos en este *aquí* y este *ahora* eternos y profundizar en el conocimiento de nosotros mismos. Aún resuenan las graves palabras del oráculo de Delfos: "Conócete a ti mismo".

Querido lector, tiene en sus manos un libro práctico sobre cómo vivir una vida estoica en el mundo actual. Todo ser humano vive su propio mito, tal como Jung y Campbell nos relataron. Toda vida humana es el *camino del héroe* que nos lleva a nosotros mismos. Tenemos que partir a esa aventura pues en el camino, plagado de retos y pruebas, está el conocimiento y perfeccionamiento de uno mismo.

Este ha sido mi caso. Mi búsqueda comenzó hace muchos años y me llevó a muchos puertos interesantes. En todos ellos recalé, exploré, viví y recogí provisiones, y volví a reemprender la marcha con renovadas energías hacia otros puertos desconocidos, esperando encontrar otras aventuras. Hace muchos años encontré a mi maestro, Claudio Naranjo, alguien que me animó a emprender ese camino del héroe, sin desvelarme que esa búsqueda era solo la excusa para el autoconocimiento. Él había hecho lo mismo, viajó por muchos mundos, recogió provisiones y siguió viaje hacia otros lugares. Por ello, de su mano y de la de otros maestros, viajé a Oriente, al budismo, al zen, al sufismo y a tantas otras formas de pensamiento y sabiduría. De todas aprendí, de todas me nutrí y todas ellas me permitieron ser mejor persona y conocer un poco más la existencia.

Pero en los últimos tiempos, y solo gracias al sufrimiento de la vida, he experimentado el verdadero conocimiento de mí mismo. Este no es un libro autobiográfico, pero sí es un libro que trasmite lo que aprendí de la vida para poder convertirme en una persona de vida estoica. Porque, después de múltiples vicisitudes y aprendizajes, la verdadera esencia de la búsqueda estaba en mí y en mi propia tradición, la tradición occidental, la tradición griega o, como siempre se ha denominado, la cultura clásica.

En los últimos años he experimentado el dolor de la vida y el sufrimiento de vivir situaciones complejas que me han traído retos existenciales. Han sido estos retos y ese dolor los que me han llevado a la vida estoica. Tú, querido lector, si no lo has hecho hasta ahora, tendrás que elegir qué tipo de vida quieres vivir. Yo te mostraré cómo vivo yo, un estoico.

Por qué un libro sobre estoicismo en el siglo XXI

"Solo hay una manera de alcanzar la felicidad y es dejar de preocuparse por las cosas que están más allá de nuestro poder o de nuestra voluntad".

Epicteto, *Enquiridión*

Vivimos tiempos convulsos y complejos, es un sentir generalizado que impregna nuestras conciencias y nuestras vidas. El siglo XX estuvo marcado por los grandes conflictos bélicos, la aparición de nuevas tendencias en el arte, el nacimiento de nuevas tecnologías y de grandes cambios sociales y políticos. Este inicio de siglo XXI está marcado por el cambio y la transición a otro mundo, a otra forma de ver y contemplar la vida, y por lo tanto estamos en un periodo de transición. El viejo mundo se ha esfumado, ha desaparecido, y otra existencia, otro mundo está eclosionando. A esta interfase, a este territorio entre fronteras, se la denomina crisis. La palabra *crisis* no tiene una connotación mala o negativa, solo significa "cambio, transición". Es similar a la transición biológica entre el niño o niña y el adulto, aún no se es ni una cosa ni la otra, el adolescente se convierte en un ser de transición. Así pues, estamos en la adolescencia de un nuevo mundo.

Además, y por si no nos habíamos enterado de este paso a un nuevo mundo, en este cuarto de siglo escaso hemos recibido varios mensajes contundentes por parte de la vida. Primero fueron los atentados terroristas que asolaron el mundo reivindicando un nuevo orden social y religioso, haciéndonos sentir que nuestra aparente seguridad era ficticia. Luego siguió la quiebra económica y financiera de los mercados mundiales, que nos hizo asistir al desmoronamiento de un modelo económico hiperliberal y consumista que hace más ricos a los ricos y más pobres y esclavizados a los pobres. Por último, y por si no nos habíamos enterado con suficiente nitidez, el mundo se ha visto asolado por la pandemia del virus SARS-COV 2, cuya enfermedad, la covid-19, lleva diezmando durante más de dos años a la población mundial. ¿En serio aún seguimos sin estar convencidos de que el mundo está cambiando?

Las personas que nacimos en la primera mitad del siglo pasado estamos asistiendo a la aparición de una realidad tecnológica fascinante y a la vez amenazante. Lo imaginado por los grandes autores de ciencia ficción como Asimov, Dick o Clark se está haciendo realidad delante de nuestros ojos y casi sin ser conscientes de ello. El paradigma del trashumanismo como corriente de pensamiento que considera que la aplicación e incorporación tecnológica al ser humano nos llevará a un salto evolutivo es una de las corrientes más potentes en la actualidad y que más adeptos tiene. Hoy hablamos de datos, de nubes de datos, y no de personas. Hablamos del internet de las cosas y del *big data,* y no de conocimiento. Hoy hablamos de cíborgs y no de seres humanos. Es una realidad, el mundo está cambiando, y eso no significa que sea a peor, es que no sabemos aún hacia dónde va. Tenemos un breve atisbo de lo tecnológico y del metauniverso que nos espera, pero el ser humano aún no ha imaginado el mundo que quiere para la especie y para el planeta. Como no se cansaba de repetir el premio nobel de la Paz, el médico y filósofo Albert Schweitzer, el hombre debe tener un modelo del mundo en su cabeza; si no es así, sufre y camina descarriado por la vida. La pregunta es: ¿sabe el ser humano hacia dónde se dirige? ¿Cuál es el modelo de mundo y de vida que queremos tener para nosotros y nuestros descendientes?

Vivimos instalados en la queja continua sobre el modelo de vida que tenemos en la actualidad, pero tampoco hacemos nada para cambiarlo. Los grandes avances tecnológicos han acelerado la vida hasta límites vertiginosos y nuestra existencia se ha convertido en un desenfrenado deseo de adquisición de bienes, prestigio, poder y reconocimiento. La globalización de los países denominados ricos nos ha llevado a una uniformidad insustancial de nuestras vidas, donde se te reconoce por lo que tienes y no por lo que eres. Esto nos hace recordar las reflexiones que el filósofo Eric Fromm hizo hace más de medio siglo, cuando hablaba sobre el "ser" y el "tener", y como se estaba forjando un ser humano hedonista ocupado solo en la adquisición de bienes y poder, y carente de principios y valores. Se ha instalado una insatisfacción en la sociedad, donde la angustia y la depresión son monedas de uso corriente. En estos momentos, las alteraciones mentales de niños y jóvenes se han convertido en un verdadero problema de salud pública. El ser humano vive una vida artificial: se nos prepara en las escuelas para adquirir conocimientos absurdos y no se nos enseña a adquirir sabiduría y a ennoblecer el verdadero arte de la Vida, con mayúsculas. Se nos entrena para ser productivos y agresivos en la jungla social a través de un darwinismo social recalcitrante, y a vivir con intensidad los momentos de placer y rechazar el dolor, la enfermedad, la muerte y el fracaso. Desde pequeños se nos enseña a ser los más guapos, competitivos, exitosos y reconocidos que podamos, y a pisar por la vida con fuerza, sin mirar a quién aplastamos o arrollamos. Pretendemos ser inmortales, no queremos enfermar y sí la juventud eterna. La llamada era de la comunicación nos ha trasformado la vida en muchos sentidos, en algunos casos para mejorarla y hacerla más fácil, y en otros casos para complicarla. Hoy en día a través del teléfono móvil podemos realizar cualquier gestión y acceder a cualquier parte del mundo a golpe de clic. Manejamos miles de datos en cuestión de segundos y el móvil se ha convertido en una herramienta imprescindible incluso para los niños. El móvil es nuestro ordenador: además de hablar por teléfono, contestamos correos electrónicos, disfrutamos de películas y series de televisión, escuchamos la radio o nuestra música preferida, es una cámara de vídeo y fotos, podemos leer libros... Una absoluta revolución tecnológica que de manera inevitable ha trasformado nuestro mundo y también nuestro cerebro. La globalización planetaria nos facilita la interconexión rápida a miles de kilómetros y podemos saber lo que acontece en el más recóndito rincón de la tierra. Todo es accesible, rápido, inmediato. Si accedemos a internet a buscar una información y esta se demora unos segundos más de la cuenta, nos quejamos de la lentitud de la red. La red de redes, internet, no solo nos ha facilitado la accesibilidad al resto del mundo, sino que también nos ha expuesto de manera total al resto de la humanidad. Hoy en día es posible conocer quién es una persona, su vida personal, su intimidad, sus gustos y preferencias, solo haciéndole un seguimiento en las redes sociales. La brutal eclosión de estas redes como Twitter o Instagram supone un auténtico desafío para el individuo. Conocemos a miles e incluso millones de personas de cualquier parte del mundo a través de nuestro móvil, ellos nos siguen, nosotros les seguimos, nos intercambiamos información, nos mandamos mensajes, y nos alabamos y atacamos a fuerza de pulsiones y tendencias de mercado. Soy consciente, según estoy realizando este relato, de que la descripción de las posibilidades y características de la nueva era podrían ser infinitas y que los simples rasgos que acabo de relatar son más que suficientes para hacernos una composición de lugar y una fiel fotografía de que este siglo XXI está marcado por una tendencia al cambio, por la aparición de un nuevo paradigma que generará un nuevo ser humano, lo cual a su vez llevará aparejado un cambio en nuestro cerebro. Esto, a su vez y de manera inevitable, provocará un cambio en nuestra consciencia. Según refieren los paleontólogos, la especie humana realizó un salto cualitativo en la evolución en relativamente poco tiempo y muy especialmente en el salto del neandertal al cromañón. Este salto de rasgos somáticos, que conllevó un cambio del volumen y peso del cerebro, estuvo asociado a cambios inevitables en la cultura de nuestros ancestros, en su forma de vida y por lo tanto en su consciencia.

Muchas son las hipótesis que tratan de explicar este cambio evolutivo y posiblemente todas ellas sean parcialmente válidas, desde la aparición y sofisticación del lenguaje, los cambios en la sexualidad y su práctica, etc.; pero lo que es una realidad es que el cambio del entorno y determinados detonantes biológicos ocasionaron un cambio cerebral y en la conciencia que nos hizo *más humanos.* ¿Estamos en este siglo XXI en una situación parecida que posibilitará un cambio evolutivo en nuestra especie? Este es el paradigma trashumanista y la respuesta parece ser que sí. Las personas de mi edad que hemos vivido a caballo entre varias épocas y hemos conocido el mundo del siglo pasado y el actual, percibimos cambios objetivos en este sentido. Muchos de estos cambios los observamos en nuestros niños. "Los niños de hoy no son como los de antes", decimos, y es cierto. Son generaciones de nativos informáticos que contemplan la vida de una manera muy distinta a como lo hacían sus padres y abuelos.

Como he contado al principio, este nuevo panorama del planeta Tierra y de la especie *Homo sapiens sapiens* que la habita tiene unas grandes ventajas (podría relatar cientos de ellas de un profundo calado: el aumento de la longevidad, la cronificacion de enfermedades antes mortales, la curación de infinidad de cánceres, el acceso al conocimiento sin restricciones y la información, la interconectividad de toda la humanidad, etc., etc.), y también ciertos inconvenientes (se podrían relatar cientos de ellos: la incomunicación entre personas, el estrés, la aparición de múltiples enfermedades mentales, la degradación del medio ambiente, el cambio climático, el egoísmo, la pérdida de valores, etc.). Parece ser una realidad establecida que el ser humano es hoy más infeliz y que, pese a todas las grandes comodidades y ventajas de esta era tecnológica, hay un cierto poso de insatisfacción. No sabemos muy bien la razón, es una sensación inespecífica de angustia, de incertidumbre e inseguridad, como si barruntáramos la llegada de una tormenta. No podemos atribuirlo a nada concreto, es una sensación de extrañeza, de ansiedad que nos lleva a estar enojados e irritables. Tenemos todo lo que queremos y más: un buen trabajo, una familia maravillosa…; sin embargo, tenemos la percepción clara de que algo falla en nuestras vidas. Tenemos cubiertas las necesidades básicas, incluso de más: hogar, alimentación, educación, sanidad, etc., pero…

El pasado siglo el psiquiatra Victor Frankl hablaba sobre la aparición de la "neurosis existencial", en definitiva, la pérdida del sentido de la vida y la existencia. Cuando el ser humano pierde el sentido de qué hace y para qué lo hace, entonces es como si estuviera muerto. Y es la pérdida del sentido de nuestras existencias uno de los mayores motivos de insatisfacción del ser humano: asistimos a una paulatina pérdida del sentido de la vida desde siglos pasados. La Revolución Industrial nos hizo convertirnos en máquinas cuyo único objetivo era la producción y la explotación del medio ambiente. Esto nos llevó de manera inevitable a la desolación del siglo pasado de las grandes guerras. Llegaron las convulsiones políticas que vieron nacer el comunismo, el fascismo, el capitalismo, el nazismo, y que terminaron por dar rienda suelta al neoliberalismo, el mundo hipertecnológico y, en épocas más recientes, el trashumanismo. Pero el ser humano vive en un desencantamiento, en un permanente desgarro que ya supo anticipar el novelista y premio nobel de Literatura Herman Hesse en su *Lobo estepario*.

El ser humano ha tenido que reconciliarse con el holocausto y con los múltiples genocidios en los que el hombre ha sido un lobo para el hombre, sin llegar a resolver las grandes pulsiones humanas como la violencia, el miedo, la esclavitud, la guerra…

Durante la segunda mitad del siglo pasado volvió a reverdecer un intento de volver a reivindicar lo verdaderamente humano: el desarrollo personal, la ecología, el mundo del espíritu, el desarrollo sostenible, la paz mundial y, sobre todo, la importancia de la armonía entre pensamiento y ciencia, el ser humano y lo tecnológico, materia y espíritu. Amparado por movimientos contraculturales como la antipsiquiatria, el movimiento *hippy* y la pasión por volver la mirada a Oriente en busca de nuevas formas de pensar y de sentir, se abrió una etapa denominada "nueva era", que pretendió poner sentido común a la sinrazón y falta de sentido de la existencia de los humanos. El laicismo exacerbado de Occidente, caracterizado por adoptar una visión científica del mundo, remató la afirmación de Nietzsche: "Dios ha muerto". La religión en Occidente desapareció, y se dio paso al desolador y árido panorama de lo medible y cuantificado, al mundo de la pura ciencia, donde no existe lugar para el corazón, la imaginación y el espíritu. Por ello, la humanidad miró a Oriente en busca de nuevas religiones, de nuevos dioses y, sobre todo, en busca de un sentido a la existencia que demuestre que merece la pena vivir, que hay alguna "fuerza sutil", vital, como proponía el filósofo Henry Bergson, que nos envuelva y sostenga nuestras precarias y tristes existencias. El interés por Oriente nos lleva a reilusionarnos con sus religiones: los vedas, el taoísmo, el budismo en todas sus formas y, en el mundo posmoderno, el zen, que se ha convertido en un verdadero movimiento contracultural de masas. En la actualidad, la religión católica decrece a la misma velocidad que crece el budismo o incluso la religión musulmana. Quizás esto sea debido a que las religiones orientales no tienen dioses, que se pueden compatibilizar con la ciencia, y esto hace que no se entre en contradicción.

La radicalización del mundo del pensamiento hacia la ciencia está haciendo eclosionar un nuevo neorromanticismo donde se vuelve a reivindicar el mundo del espíritu, la magia, el alma del mundo, el mito, el sentido de la existencia. La literatura y el arte en general de la actualidad nos presentan magos como en la literatura artúrica (*Harry Potter*), órdenes de monjes caballeros y guerreros (*La guerra de las galaxias*) e incluso semidioses como los del Olimpo griego (*X-men*). Todo esto no es una casualidad, muy al contrario, significa que siempre ha existido una corriente del pensamiento, un rio subterráneo que ha trascurrido a lo largo de la historia donde el mundo del espíritu siempre ha estado latente a lo largo de los milenios. Pensadores como el francés René Guenon, hablaba de "tradición primordial", e incluso otros se refieren a esta forma de sentir y percibir el universo, como el hermetismo, esa corriente del pensamiento humano que subyace siempre desde épocas ancestrales y que reivindica que las fuerzas del universo no se pueden atrapar en la ciencia, que la vida despliega la evolución con un sentido teleológico, que el alma del mundo nos penetra y que el mundo interno del ser humano es indistinguible de las fuerzas cósmicas del universo. Sea tradición primordial, hermetismo o cualquier nombre que le demos, la historia de la humanidad ha estado intrínsecamente unida a una visión ecológica del mundo, a una reivindicación de la Humanidad, a sentir que existen fuerzas que nos trascienden y a creer que no todo es materia, pues hasta esta es energía, todo es energía, la vida es energía y solo la sustanciación de ella, es materia. Grandes pensadores contemporáneos, como el polaco Henry Skolimowski, que basa su pensamiento de la "filosofía participativa" en los orígenes del pensamiento occidental como Pitágoras y Platón, hasta llegar a los contemporáneos Henry Bergson y Pierre Teilhard de Chardin, reconcilian el modo de pensar clásico con la física cuántica y la neurociencia. Otro pensador contemporáneo, el británico Peter Kisley, nos muestra cómo pensadores presocráticos como Parménides o Empédocles tienen más afinidad con el pensamiento contemporáneo de lo que nunca hubiéramos pensado.

Nuestra propuesta es que, si la humanidad ha mirado en los últimos tiempos hacia Oriente en busca del espíritu perdido, nos dejemos arrastrar por el río de la tradición primordial y regresemos a las raíces de nuestra propia tradición para reencontrarnos con una forma de percibir y pensar el universo que nos sorprenderá por su riqueza y su afinidad con el pensamiento de vanguardia de las ciencias y humanidades del siglo XXI. De esta manera, a la hora de recuperar nuestras verdaderas raíces, recuperaremos el sentido de nuestras vidas. Propongo que nuestros guías sean personajes de la talla intelectual de Carl Gustav Jung, Mircea Eliade, Josep Campbell, Henry Corbin, René Guenon, todos los citados anteriormente y muchos más que han contribuido y están contribuyendo a reimaginar el mundo y poder ver magia donde solo se veían moléculas.

De la misma manera que la forma de vida del budismo zen ha calado en nuestras vidas occidentales convirtiéndose en una forma de ser y estar en el mundo, en una marca, en una manera de entender la vida, existe una forma de pensar, una escuela de pensamiento que nació en el siglo III antes de Cristo, pero cuyo origen hay que rastrear hasta Sócrates y antes que él. Esta escuela de pensamiento, hablando con más propiedad, esta escuela de vida es el estoicismo. La forma de vida estoica, en estos momentos, está siendo igual que le pasó al yoga a principios del siglo pasado y que lo es el zen en la actualidad, una de las corrientes de pensamiento y de conocimiento más importantes de este nuevo milenio. Un filósofo contemporáneo, el francés Pierre Hadot, nos invita a adoptar la forma de vida del estoico como forma de vivir la vida con plenitud, de recuperar el sentido de esta y convertir la existencia en una obra de arte bien vivida, la misma consideración que otro célebre estoico, el americano Henry David Thoreau, plasmó en su propia vida.

Por todo ello y por muchas consideraciones más, parece una buena idea adoptar el modo de vida estoico. Es una filosofía de vida sencilla, inmediata, trasparente, que está arraigada en nuestras propias raíces culturales. Es cierto que cada persona tiene que buscar su mejor opción. Yo propongo esta forma de existencia, aunque también es cierto, como he contado anteriormente, que a mí me vino dada por la vida esta forma de ser. Y cuando la propia vida trae una forma de ser y estar, esta se hace más auténtica y la existencia se alinea y equilibra. Los orientales lo denominan vivir según el Tao. Los estoicos hablan de vivir según la naturaleza.

El auge del estoicismo

"Cuando te levantes por la mañana piensa en el privilegio de vivir: respirar, pensar, disfrutar, amar".

Marco Aurelio, *Meditaciones*

Es curioso que una filosofía de hace más de dos mil años esté de moda en nuestro siglo, aunque esta situación es muy sintomática de muchas cuestiones de gran interés.

En las últimas décadas una de las líneas editoriales de más aceptación y ventas para el público en general es el género denominado de autoayuda. En los últimos tiempos, los nuevos gurús del desarrollo personal nos sintetizan, con gran ardor pragmático, las filosofías de todos los tiempos y nos lanzan múltiples títulos que van desde cómo educar a nuestros hijos, hasta cómo meditar, pasando por las relaciones de pareja, como ser buenos padres y múltiples cuestiones de la vida cotidiana. El intento de ser pragmático y buscar la eficiencia al máximo grado nos ha llevado a una filosofía de andar por casa que ha encumbrado a múltiples autores al estatus de sabios contemporáneos. Pero los tiempos se repiten y una y otra vez vuelven las viejas preocupaciones del ser humano: cómo vivir bien la vida, cómo ser mejor persona, cómo ser más feliz, en definitiva. En la actualidad denominamos autoayuda a lo que antes era filosofía y *coaches* a lo que antes eran sabios. Antes teníamos que peregrinar para encontrarnos con el sabio que estaba apartado en su retiro en las montañas y ahora lo tenemos a golpe de clic en internet y nos vende tutoriales. En definitiva, vino viejo en odres nuevos.

No obstante, en la actualidad existe un renacido interés por la filosofía, y muy especialmente por lo que se ha dado en llamar "filosofía práctica". La filosofía siempre ha sido práctica, si no no era filosofía, pero es cierto que, desde épocas clásicas, se ha ido alejado de la realidad y de la vida para enclaustrarse en la dimensión académica. La filosofía nació para enseñarnos a vivir, nació para hacernos más sabios y vivir una buena vida, no para reflexiones académicas de salón solo aptas para dotados intelectualmente. El término *filosofía,* que dicen que lo acuñó por primera vez Pitágoras, se refiere al amor a la sabiduría desde su vertiente práctica, la sabiduría de la vida. Como diría Thoreau y el gran Tolstoi, es el arte de la vida, vivir la vida como si esta fuera la mayor obra de arte que tenemos entre nuestras manos.

El panteón de sabios ilustres que adornan las páginas de la filosofía universal es impresionante a lo largo de los siglos, pero pocos son los que han sabido trasmitir el sentido práctico de esta disciplina. Durante siglos se ha enseñado la filosofía desde una perspectiva teórica, tratando de memorizar autores y teorías incomprensibles para repetirlas como papagayos. Nada más alejado de la vida que esta actitud. La filosofía debe estar cerca de la existencia, forma parte de ella; es más, la filosofía es vida o no es filosofía. Entre los años 80 y 90 del pasado siglo, una corriente de filosofía práctica se puso a moverse y ganó adeptos de todo tipo y procedencia, aunque con cierto escepticismo del mundo académico, que consideraba que estos filósofos prácticos eran de poca altura, de segunda clase. El libro del filósofo Lou Marinoff, *Más Platón y menos Prozac,* nos ayudó a sentar las bases de que la filosofía es divertida, es práctica y aborda los problemas cotidianos del ser humano. Desde entonces han sido muchos los que han reescrito la filosofía tratando de buscarle su faceta práctica, alejándose de las teorías oscuras e intelectualmente elevadas. Esta corriente de filosofía práctica ha llevado incluso a que los filósofos se conviertan en consultores y establezcan consultas para abordar los problemas existenciales y cotidianos de la vida. Esta actitud no debe extrañarnos, pues a lo largo de los siglos los filósofos eran consultados por individuos de todo origen y rango para buscar luz a la resolución de los problemas. Recordemos que el gran Cicerón nos relata cómo fue en busca del sabio Posidonio (por cierto, un gran pensador estoico y científico), que residía en la isla de Rodas, en busca de sabiduría y consejo. Y es que, antes que los psicólogos, psiquiatras y *coaches,* estaban los filósofos, y a ellos se acudía en busca de soluciones, consejos y herramientas para mejorar las vidas de la gente.

Pues bien, dentro de este importante resurgir de la filosofía práctica, en la última década, es especialmente interesante la filosofía estoica. Podemos afirmar sin lugar a equivocarnos que el estoicismo está de moda. Tal es así que múltiple literatura en todos los idiomas y también en español se está dedicando al estoicismo y su práctica en el siglo XXI. Este libro es un ejemplo, aunque su elemento diferencial es que yo cuento mi experiencia práctica de cómo vivir el estoicismo, aunque no nos demos cuenta de que es estoicismo. Mi descubrimiento del estoicismo fue mucho anterior a la moda del llamado neoestoicismo, en el intento de reactualizar los principios clásicos de este pensamiento. Y también como he contado anteriormente, el estoicismo llegó a mi vida desde el lado duro de la vida. Fue la vida la que dejó en la playa de mi existencia esta forma de ser y estar en el mundo.

No obstante, me gustaría brevemente tratar de analizar el porqué de este interés inusitado por esta filosofía, cuando siempre estuvo entre nosotros y no fue seguida de mayor interés. Las llamadas filosofías perennes, por el escritor Aldous Huxley, son eternas, nunca decaen, siempre nos acompañan. Es como la tradición primordial, son inherentes al ser humano. Como si de un río se tratará, aparecen y se ocultan en el tiempo en función de los avatares políticos, sociales, científicos y dependiendo de la consciencia de los seres humanos del momento. Hay épocas determinadas en las que la conciencia de los individuos está más receptiva para determinadas formas de pensamiento, y entonces esa teoría fluye y se despliega. Después se oculta aparentemente a los ojos de los individuos, pero reaparece cuando la conciencia es receptiva y sintoniza con las ideas y contenidos de esta.

El elemento que más sintoniza con nuestro interés actual es que es una filosofía práctica. Una filosofía práctica en un mundo práctico. El estoicismo siempre fue y será una filosofía práctica de la vida en la que el elemento racional tiene una importancia capital. Para el estoico, el mayor logro es el aparato lógico-racional y este elemento en estos tiempos es fundamental. Aunque toda filosofía tiene su metafísica, es cierto que el estoicismo se presenta como una filosofía de la lógica, de la razón, donde el ser humano es dueño de su vida a través de ser dueño de su pensamiento.

Por otro lado, en los tiempos actuales y producto de un siglo pasado hijo de la decadencia y las guerras que lo han asolado, necesitamos un mundo que se reilusione. De aquí las importantes psicologías que afloran centrando su interés en el desarrollo humano, las denominadas "psicologías humanistas", y las psicologías positivas, que tratan de que el ser humano coja las riendas de su vida y optimice las distintas posibilidades que ofrece la existencia. La primera mitad del siglo XX estuvo dominada por las psicologías humanísticas, para luego dar paso en la última mitad a la psicología cognitiva conductual de Aaron Beck, que se declaró estoico moderno y que fundamenta sus teorías en los filósofos clásicos. Eso mismo ocurre con la psicología racional emotiva conductual de Albert Ellis. Las psicologías y terapias de Ellis y las de Beck son deudoras de la filosofía estoica y básicamente su abordaje es tratar de reestructurar los pensamientos inadecuados que pasan por nuestra cabeza y que nos generan un sistema de creencias y unas conductas no adecuadas. Si no manejamos de manera adecuada nuestros pensamientos, estos nos hacen creer y sentir de una manera no adecuada. Este fundamento es estoico, como así lo hacen ver sus creadores. Esta afinidad y resonancia de las terapias actuales, quizás de las más utilizadas y prácticas a la hora de la resolución de los problemas psicológicos con el estoicismo, ha hecho que múltiples psicólogos en la actualidad reactualicen los planteamientos estoicos para que estos sirvan al propósito de dar herramientas prácticas para el abordaje de los problemas de conducta.

De la misma manera, estamos asistiendo a una importante eclosión de la filosofía budista en Occidente, y muchos de los presupuestos filosóficos de estoicos y budistas son bastante parecidos. El budismo se extendió por Occidente después de la segunda guerra mundial y tras su pérdida de valores y directrices intelectuales y de pensamiento. Los movimientos contraculturales nos hicieron mirar hacia Oriente en un intento desesperado de encontrar nuevas filosofías que dieran sentido a nuestras vidas. Allí encontramos filosofías en las que en apariencia Dios había dejado de existir y la existencia se sustentaba en los esfuerzos del ser humano para lograr entenderse a sí mismo y a su entorno. Filósofos de gran talla moral e intelectual como Suzuki a finales de los años 50 y principios de los años 60 importan el budismo zen a Estados Unidos. Otros como Deshimaru lo hacen a Europa a través de Francia. Con estos dos grandes movimientos migratorios del budismo, el periplo que se inició en la India con Siddhartha Gautama y cuya filosofía se extendió a China a través de Bodhidharma y más tarde hacia el Japón de manos de Dogen, cierra su periplo para pasar a Europa. De esta manera, las creencias y el pensamiento budista impregnan el pensamiento moderno, haciendo que esta filosofía de vida sea una de las más importantes en la actualidad. Hoy en día ser budista es frecuente y un signo de madurez y compromiso de quien lo practica. Es cierto que el budismo se ha reactualizado para Occidente, pero su pensamiento germinal sigue vivo. Pues bien, como dije, el pensamiento budista es bastante similar al pensamiento estoico, y esto se debe a que, en sus orígenes, los grandes del pensamiento occidental bebieron del pensamiento oriental y por ello muchos eruditos rastrean las fuentes de ambos pensamientos para descubrir cuál es su nexo y poder estudiar quién influyó a quién. Probablemente el influjo sea recíproco y los primeros pensadores occidentales y los orientales hayan coincidido en el tiempo a la hora de elaborar sus planteamientos intelectuales. Lo que sí sabemos a ciencia cierta es que muchos buscadores del budismo en Occidente se han encontrado con el estoicismo, o más bien se han reencontrado con el pensamiento estoico, y esto les ha hecho ver que entre unos y otros no hay gran diferencia. Conceptos fundamentales del estoicismo que posteriormente veremos, como el trabajo con la atención plena, vivir la vida en el aquí y el ahora, vivir según la naturaleza de las cosas, la interdependencia de la existencia y tantos otros términos estoicos, son exactamente equiparables en el budismo y especialmente en el budismo zen. Como nos ha mostrado de manera clara el profesor de Filosofía americano William Irvine, budismo y estoicismo se dan la mano. Tal como fue en su caso: después de ser budista volvió su mirada hacia el estoicismo y se reencontró con su propia tradición intelectual. Irvine es uno de los más destacados pensadores estoicos de la actualidad.

Lo que es y lo que no es el estoicismo

"No vivas según tus propias reglas, sino en armonía con la naturaleza".

Epicteto, *Enquiridión*

En muchas ocasiones definimos mejor un concepto por lo que no es mejor que por lo que es, sobre todo en aquellos casos en los que el concepto a definir ha pervertido su significado y ha perdido el sentido real de su definición. Esto es lo que ocurre con *estoicismo,* un término que ha perdido su sentido originario. Posiblemente podamos aclararlo cuando, por exclusión, definamos lo que no es.

Hablar de que alguien "es estoico" o que hay que "ser estoico" o "tomemos la vida con resignación estoica", son expresiones coloquiales muy utilizados que desvirtúan el verdadero significado de esta palabra. Estoico se ha asociado a sufrimiento, a soportar y aguantar el dolor con resignación. También se ha asociado a austeridad, parquedad y cierto grado de contención afectiva. Por ello se tiene el concepto de que ser estoico se asocia a cierta frialdad, desapego e incluso insensibilidad. Tenemos la imagen del sabio estoico idealizada como un individuo que vive sumido en la pobreza, que apenas come, insensible al mundo que le rodea y alejado de las pasiones. Y nada más lejos de la realidad, esta caricatura tan estereotipada y encorsetada del estoicismo no es real. Ser estoico nada tiene que ver con la pobreza, la frialdad de las pasiones o el sufrimiento, sino que es una actitud ante el mundo, una forma de vivir con respecto a una serie de ideales. Ante todo, son una serie de herramientas prácticas para ayudar a los individuos a vivir mejor.

El estoicismo nació como una filosofía práctica, alejada de la reflexión y especulación intelectual, y creada para aprender a ser feliz. El pragmatismo del estoicismo ha hecho de esta forma de pensar una de las filosofías más prácticas para aprender a ser mejores personas. A las personas estoicas nos preocupa aprender en nuestra vida a ser mejores personas, a perfeccionarnos, a vivir según una ética intachable y a ayudar a los demás en ese camino. A los estoicos nos preocupa no solo ser mejores personas y convertirnos en personas sabias, sino que esto lo hacemos para ayudar a nuestra comunidad, pues nos sentimos individuos sociales, e incluso para ayudar a nuestro planeta a preservarlo y cuidarlo. La visión estoica de la vida es amplia y por ello no solo contempla el individuo, sino también la comunidad y la visión ecológica de la existencia. El pensamiento estoico también tiene su parte teórica y podríamos decir que metafísica, como cualquier filosofía y forma de pensamiento, pero, si por algo se ha caracterizado, es por tener siempre una importante parte práctica. Los estoicos vivimos con aquello que necesitamos y no más de lo que es necesario. Vamos ligeros de equipaje y por ello somos mesurados en todo aquello que hacemos. Los estoicos no somos restrictivos, tan solo somos razonablemente mensurados y tratamos de armonizar y equilibrar todas nuestras decisiones y acciones. Pensamiento y acción están armónicamente integradas y para ello debemos preocuparnos mucho de nuestro pensamiento: si no es el adecuado, nuestras percepciones y acciones no son adecuadas. El estoicismo trabaja todo el ser humano, pero de manera muy especial la forma y manera que tenemos de construir nuestros pensamientos, pues nos basamos en que, si nuestros pensamientos son erróneos e inadecuados, nuestros sentimientos y acciones serán inadecuadas. Ser estoico nada tiene que ver con la imperturbabilidad de las emociones; los estoicos nos emocionamos, pero no dejamos que las emociones nos sobrepasen y nos inunden. Ser estoico no es saber controlar las emociones e inhibirlas, es sentir la emoción, aprender y observar cómo se produce, aprender de ella y no dejar que esta nuble nuestro buen juicio.

El estoico parte de un principio socrático fundamental: "Conócete a ti mismo", esta afirmación es la constante en el crecimiento y desarrollo de un buen estoico. Los estoicos queremos y anhelamos ser mejores, pero no para sentirnos superiores, sino para, con humildad y autoconocimiento, ayudar más y mejor a los demás y a nuestra comunidad. El verdadero laboratorio de experiencias del estoico es él mismo y la vida en general. Los estoicos utilizamos todo lo que está a nuestro alcance para aprender, por ello el mejor maestro que tenemos somos nosotros mismos, los demás y la vida. Los grandes retos de la vida, las situaciones comprometidas, los dilemas, estos son nuestros verdaderos retos a la hora de avanzar en nuestro camino. Los estoicos somos alegres y hacemos de la felicidad nuestra seña de identidad. Además, para ser felices no necesitamos grandes cosas, porque aprendemos a ver las grandes maravillas y milagros de los pequeños gestos y situaciones de la vida cotidiana. Los estoicos no estamos obsesionados con el futuro y tampoco vivimos sepultados en el recuerdo y el pasado, sino que tratamos de centrar nuestra vida en el presente, en el aquí y al ahora, con lo que la vida nos depara en cada momento. Los estoicos somos realistas, estamos con los pies en la tierra y somos conocedores de la gran fortuna que tenemos de vivir en el aquí y él ahora lo que nos ha tocado vivir.

Los estoicos somos educados, prudentes, mesurados, equilibrados y toda nuestra vida la utilizamos para perfeccionar nuestra conducta a través de un pensamiento correcto y limpio. Por último, ser estoico no es tener una religión, es una manera de ser y ver la vida, es un ser y estar estoicos. Durante mucho tiempo se ha asociado el estoicismo al cristianismo, y esto es debido a que los primeros cristianos bebieron de manera importante de esta filosofía. Se especuló que el apóstol Pablo tuvo una estrecha relación con el filósofo Séneca. Aunque existe mucha controversia sobre ello, sí podemos afirmar sin temor a confundirnos, que Pablo era estoico, como también lo eran muchos cristianos primitivos, pues ambas filosofías bebían de los mismos preceptos morales, éticos y conductuales. No obstante, se puede ser estoico sin ser cristiano ni budista, sin profesar ninguna otra creencia o religión.

Pienso que hemos anticipado un adecuado retrato de lo que significa ser estoico y lo que no es. Ahora, como buen estoico, solo nos quedaría vivir conforme a este estilo y forma de vida.

Una breve historia del estoicismo

Marco Aurelio, *Meditaciones*

La historia siempre es importante, pues nos sitúa y permite que entendamos cómo hemos llegado a una situación, a un estado de pensamiento o a cualquier acontecimiento, por banal que este sea. En la historia del pensamiento y la cultura no existe la generación espontánea, todo tiene un porqué y una continuidad y concatenación de hechos que hace que los acontecimientos se entrelacen y se desplieguen de manera inexorable. Me gustaría realizar una breve descripción del panorama cultural donde surgió el estoicismo, para poder llegar a entender con más claridad, porque el estoicismo está más vigente que nunca.

El pensamiento estoico no surgió de la nada, sino de una corriente cultural y de pensamiento que arranca de muy atrás. Los historiadores siempre ponen fechas de comienzo y de fin de los acontecimientos, pues es importante delimitar en el tiempo, pero la historia es un contínuum y los hechos y situaciones se entrelazan.

La fecha oficial de comienzo del estoicismo es el año 330-262 a. de C., por Zenón de Citio, que nació en Chipre y por lo tanto era fenicio. Como buen fenicio era comerciante y en especial importaba el preciado tinte de un crustáceo para teñir las túnicas de la época. Su barco naufragó cerca de las costas de Atenas y pudo salvarse casi milagrosamente. La experiencia fue dura: arruinado, sin tener dónde acudir y sin tener sustento, replanteó su vida para dedicarse a examinar su propia persona y a qué dedicaría su existencia. Preguntó en los mercados y en las plazas públicas quién era el hombre más sabio de Atenas y todos apuntaron a que era un filósofo cínico llamado Crates. Los filósofos cínicos fueron los herederos intelectuales del pensamiento socrático. Mientras que a todas luces de la historia de la filosofía Platón fue el discípulo reconocido y continuador del pensamiento del maestro Sócrates, los cínicos fueron los discípulos malditos de Sócrates. Esto fue así porque los cínicos eran radicales en sus planteamientos y podríamos decir que eran antisistema, pues se oponían al poder establecido, a la autoridad y a los convencionalismos sociales. Esta actitud les acarreó mala fama, como personas fuera del sistema. Se les llamó "perros", que es la traducción de *cínicos*. Antístenes fue el amado discípulo de Sócrates y su más fiel seguidor. Allá por el año 400 a. de C. se desencantó de la filosofía convencional y fundó la escuela cínica. El bien más preciado del cínico era su libertad, la igualdad entre hombre y mujer y la máxima austeridad. Solían vivir en la calle con un simple manto y un báculo, y mantenían una actitud crítica con la clase política y la sociedad en general. Los principios estoicos ya están presentes en los cínicos, pero de una manera más exaltada; es más, los principios estoicos, y muy en especial la ética, está presente en Sócrates y los filósofos presocráticos, por lo que podríamos aventurarnos a decir que el pensamiento estoico en su origen es tan antiguo como Pitágoras, Parménides, Empédocles, Heráclito y por supuesto Sócrates.

Volviendo a Zenón y su encuentro con Crates, debemos decir que este fue quizás el último cínico conocido y quizás uno de los menos radicales en sus planteamientos. Pero Zenón seguía viendo que las condiciones extremas de vida que planteaban los cínicos eran bastante forzadas e insanas para los ciudadanos griegos de la época: vivir en la calle, no poseer pertenencias, no poseer riquezas ni vivienda, apenas vestidos y comida frugal, siempre vegetariana. Por ello Zenón suavizo los principios cínicos y este cinismo descafeinado fue la creación y aparición del estoicismo.

Zenón, al igual que su maestro Critias, pensaba que la sabiduría había que compartirla en la calle, fuera de los lugares de poder como las escuelas y academias, y por eso se puso a enseñar debajo de un puente a todos los transeúntes que querían escuchar sus pláticas. El pórtico pintado de Atenas se denominaba *Stoa Poikile* y de aquí deriva el termino *estoico,* "los que enseñan debajo del puente". Zenón tuvo en Cleantes y Crisipo sus primeros discípulos. Esta fase de la historia del pensamiento estoico es denominada época helénica. Algunos autores afirman que el estoicismo perduró en el tiempo por la labor sistematizadora de Crisipo, que consiguió consolidarlo como una escuela de pensamiento sólido y muy emergente.

La muerte de Crisipo abre el denominado estoicismo medio, que se extiende por todo el Mediterráneo por el auge del pensamiento helénico y la expansión del comercio de Roma. En esta época las elites romanas comienzan a asumir el estoicismo como forma de pensamiento y vida. Figuras destacadas de este tiempo son Diógenes de Babilonia, Posidonio de Apamea, Escipión el Africano, Catón el Viejo y Catón el Joven. Cuando muere Catón el Joven y se consolida el Imperio romano, surge el denominado estoicismo romano o nuevo, que es el más conocido y famoso, por conservarse las obras de sus autores hasta la actualidad y también por la relevancia de estos. En este periodo el pensamiento estoico se consolida en el mundo romano y su preminencia es absoluta en toda la sociedad del Imperio. El pragmatismo romano es el que marca la tendencia y el estoicismo se centra en la ética y el sentido práctico de la vida. En esta época el llamado "trío estoico" es el más conocido por su relevancia histórica, profundidad intelectual e influencia en la posteridad. Estamos hablando de Epicteto, Séneca y el emperador Marco Aurelio.

Después de la muerte de Marco Aurelio, el estoicismo comienza a perder fuerza, quizás motivado por los conflictos sociales, militares y económicos. Los individuos necesitan de un mayor soporte y apoyo espiritual. En torno al año 250 d. de C. comienza a resurgir el neoplatonismo, que comienza a apartar las teorías estoicas de las elites intelectuales. La aparición y auge del cristianismo también es un factor que, pese a que está influenciado de manera clara por el estoicismo, adopta las teorías platónicas y neoplatónicas para fundamentar toda su teología. Podríamos decir que el cristianismo adopta la metafísica neoplatónica, aunque conserva una ética estoica. El golpe de gracia a toda forma reglada de pensamiento lo da el emperador Justiniano, cuando en el año 529 d. de C. cierra todas las escuelas de pensamiento de Atenas: la Academia fundada por Platón, el Liceo fundado por Aristóteles y la Stoa levantada por Zenón.

Pese a que en apariencia el estoicismo desapareció de escena, este siguió en los niveles más subterráneos del pensamiento y la intelectualidad. Los padres del cristianismo adoptaron la ética estoica y basaron gran parte de su práctica ascética, su estética formal y su ética cotidiana en el estoicismo. Los denominados padres del desierto, que eran individuos que buscaron la soledad del desierto de la Tebaida Egipcia para autoconocerse, perfeccionarse y encontrar a Dios, fueron eminentemente, además de cristianos radicales en su vivencia de las doctrinas de Cristo, unos consumados estoicos. Todas estas colosales figuras de la espiritualidad configuraron un movimiento denominado hesicasmo, que fundamentaba su encuentro con Dios en la paz interior, la atención plena y la recitación de la oración de Jesús o del corazón. Grandes figuras del hesicasmo han sido Antonio Abad, Macario el Viejo, Evagrio Pontico o Juan Climaco. Algunos doctos cristianos como Tertuliano o san Jerónimo consideraban a Séneca un santo.

Durante el Renacimiento y la búsqueda de la revalorización de la dimensión humana de la existencia, hubo un cierto auge del estoicismo de la mano de figuras del pensamiento que se consideraban estoicos, cuyas obras están impregnadas de pensamiento estoico, como fueron Erasmo y Michel de Montaigne.

En 1584 el humanista belga Justo Lipsio publicó un texto denominado *Constantia,* que reúne elementos del cristianismo y el estoicismo, e inaugura un movimiento que a lo largo del siglo XVI se dio en llamar *neoestoicismo.* Este aúna los elementos del pensamiento estoico con la teología cristiana e influye en múltiples autores de los siglos siguientes como Francis Bacon.

Durante algo más de cuatro siglos, el movimiento estoico quedó sepultado dentro de las teorías filosóficas emergentes que con renovada fuerza fueron sustituyendo al pensamiento clásico. A lo largo de todo este tiempo existió algún atisbo estoico en el movimiento trascendentalista del siglo XIX de la mano de W. Emerson y David Thoreau, autores clara y manifiestamente declarados estoicos.

En la primera mitad del siglo XX las experiencias del psiquiatra vienes Victor Frankl y el desarrollo de su teoría de la *logoterapia* vuelven a poner en el escenario actual las teorías estoicas y su aplicación práctica. Frankl no solo se declaró estoico, sino que su teoría de la logoterapia bebe de este pensamiento. Toda su vida la orienta a modo de un estoico moderno. En esta época los estudios del filósofo francés Pierre Hadot ponen de manifiesto la importancia de volver a renovar y revitalizar el pensamiento estoico y su sentido práctico y utilitarista de la vida. Los estudios de este intelectual sobre la figura de Marco

Aurelio desde una perspectiva moderna inauguran el estoicismo moderno y nos lleva hasta nuestros días, cuando, como hemos dicho anteriormente, la confluencia de objetivos de las teorías psicológicas cognitivo-conductuales y el renovado interés por el budismo hacen del estoicismo un excelente caldo de cultivo para la renovación intelectual de esta corriente de pensamiento. En el año 2012 se comienza a crear un evento internacional denominado "la semana estoica", que atrae a múltiples pensadores de todo el mundo en torno al mundo del estoicismo y donde pensadores y científicos de todo el panorama internacional debaten y actualizan las ideas estoicas. Uno de sus creadores, el filósofo británico Jon Sellars, es uno de sus máximos exponentes. En el panorama actual existen muchas figuras estoicas, pero podemos destacar los filósofos americanos William Irvine y Massimo Pigliucci, que dentro del vasto panorama estoico actual aportan seriedad y rigurosidad en sus ideas. Redes sociales, blogs, seminarios, congresos, todo el panorama actual está repleto de actividades y propuestas estoicas, que, como acontece en todo devenir histórico, volverán a sumergirse en las profundidades de la historia para volver a emerger en un futuro incierto.

Principios básicos de la filosofía estoica

Epicteto, *Enquiridión*

Este que tiene en sus manos no es un libro de filosofía, sino un libro sobre cómo se vive de una manera estoica, o, mejor dicho, cómo se vive conforme a los principios básicos de la filosofía estoica. Por eso vamos a dar unos pequeños apuntes básicos sobre los principios teóricos del estoicismo y sobre los conceptos básicos de esta filosofía, pero sin complicar el texto con disquisiciones filosóficas. Vaya mi disculpa por adelantado a aquellos filósofos que puedan estar leyendo este texto. Mi objetivo fundamental es aportar una visión eminentemente práctica de cómo la filosofía estoica puede sernos una guía útil para la vida de este siglo XXI y sucesivos.

El objetivo básico de la filosofía estoica es vivir una buena vida, entendiendo eso como una vida virtuosa, sabia y enriquecedora. Como decía el filósofo trascendentalista y estoico americano David Thoreau, la vida hay que vivir-la como si tratara de la mayor obra de arte, es decir, tenemos que vivir con conciencia plena y perfeccionar nuestro comportamiento, nuestras relaciones con los demás, con nosotros mismos y con el entorno. Si tuviéramos que realizar un examen de conciencia en los momentos finales de nuestra vida y nos preguntáramos con honestidad: "¿He vivido mi vida de manera adecuada?", ¿qué responderíamos? Ese momento, más tarde o más temprano, nos llegará a todos. En ese instante, quizás el más importante de nuestras vidas junto con nuestro nacimiento, ¿qué responderemos, con honestidad? Conseguir vivir una vida plena, intensa, rica de vivencias y conforme a la sabiduría y la virtud, ese es nuestro ideal. Los estoicos lo denominaban *eudamonia,* que quiere decir "vivir conforme al *daimon*".

Voy a tratar de explicarlo. *Daimon* es un término que subyace en toda la filosofía clásica, pero fue quizás Sócrates el que más directa y profundamente disertó sobre él. Sócrates decía que el *daimon* es una fuerza interna. Hablaba de una voz interna que representaba lo más auténtico de uno mismo y que guiaba los pasos de los individuos. Esa voz interna está enraizada con la propia naturaleza del individuo y por ello es nuestra auténtica naturaleza. Quien vive conforme a los dictámenes de su *daimon* sigue su propia naturaleza, vive conforme a ella (en la filosofía oriental y muy especialmente en el taoísmo se habla de vivir según la propia naturaleza, vivir según el Tao). Los estudiosos sobre la vida y el pensamiento de Sócrates aducen que gran parte de los problemas que llevaron al filósofo al banquillo de Atenas y le costaron la vida estuvieron derivados no solo de su forma de enseñar y de su librepensamiento, sino de su interpelación continua a seguir la voz del *daimon* personal, que era como un dios interior que habla al individuo y le guía en el despliegue de su verdadera naturaleza. El concepto de *daimon* fue trasformado por los romanos en el *genius,* y se cristianizó en el *genio,* que está en relación con el carácter, con la parte más auténtica de cómo somos. El *daimon* puede estar en relación con el concepto del sí mismo del psiquiatra suizo Carl Gustav Jung, que decía que lo más auténtico de una persona, su yo verdadero, era este sí mismo. Del mismo modo, el discípulo de Jung, James Hillman, hablaba de que este *daimon,* nuestra verdadera naturaleza, no deja de ser el mismo Dios en nuestro interior de las religiones monoteístas, e incluso la versión del ángel de la guarda de muchas de estas tradiciones. Lo que es una realidad es que para los filósofos estoicos hay que vivir una vida adecuada, una *eudaimonia,* y para ello hay que vivir según nuestra naturaleza real, según nuestro *daimon.* Para ellos vivir según el *daimon* consiste en vivir de acuerdo con la mejor versión de nosotros mismos y para ello hay que vivir según una serie de valores y virtudes. Todas nuestras acciones deben guiarse por la razón y la lógica, y deben de ser examinadas de una manera desapasionada y escrupulosa, con atención máxima.

Esta forma de vivir los estoicos la denominaban "vivir con *areté*". La *areté* es vivir de manera excelente, ser una persona virtuosa y que nuestras acciones sean armónicas y proporcionadas para nosotros mismos, para nuestros semejantes y para nuestro entorno. Por lo tanto, vivir una vida adecuada, una *eudamonia,* exige vivir con *areté,* y esto significa ser virtuoso. En esencia todas las personas tendemos a la virtud, a la perfección, a ser nosotros mismos.

Como explica el filósofo y nuevo estoico Brian Johnson, es hacer lo mejor en cada momento y exponer la mejor versión de uno mismo en cada situación y momento. Por todo ello ser virtuoso es vivir como la naturaleza nos ha diseñado para vivir, es decir, vivir según nuestra naturaleza. El *areté* de una semilla de manzana es convertirse en un manzano y dar manzanas. En el caso del ser humano, nuestro *areté* es ser virtuoso y es la razón, lo que nos hace más humanos. Esto se expresa en cada una de nuestras acciones en cada momento. Vivir una vida virtuosa es vivir según nuestro *areté*, es decir, vivir tomando como referencia la razón y la adecuada utilización de esta. La filosofía estoica es quizás una de las formas de pensamiento que más exalta el pensamiento lógico-racional y, en definitiva, la razón.

La razón se expresa en tres ámbitos fundamentales:

1. En nuestra mente. Hay que tratar de ser lo mejor posible y para ello nuestras acciones deben estar presididas por nuestra claridad de pensamiento y nuestro raciocinio.

2. En otras personas. Tenemos que vivir en armonía con los demás, somos seres sociales.

3. En el universo. Estar en armonía con el universo es estar en armonía con la naturaleza.

4. Una de las máximas fundamentales del estoicismo es centrarse solo y exclusivamente en aquello que podemos controlar (que no son tantas cosas) y rechazar lo

que escapa a nuestro control. Por ello, para los estoicos lo externo no es tan importante para nuestra vida y sí hay que centrarse en lo que está bajo nuestro control. Lo único que podemos afirmar que está bajo nuestro control es vivir en *areté,* es decir, centrarnos solo y exclusivamente en nuestras virtudes. Los eventos externos en su mayoría son neutros, no son ni buenos ni malos, es la interpretación que hacemos lo que nos hace sentir que es bueno o malo.

Aunque las virtudes proceden del pensamiento socrático, las cuatro virtudes cardinales de los estoicos son:

1. SABIDURÍA. Es muy importante comprender cómo se actúa y sentir de una manera adecuada; de hecho, como el ser humano no es perfecto se utiliza el modelo del sabio como referencia de hacia dónde debemos orientarnos. Los pensadores estoicos siempre tenían y se les animaba a tener la figura de un sabio ideal. El psicólogo y estoico Donald Robertson afirma: "El sabio vive en total armonía consigo mismo, con el resto de la humanidad y con la naturaleza. El sabio obedece a la razón y acepta su destino con gracia, pues está fuera de su control. El sabio se ha elevado por encima de sus deseos y las emociones irracionales hasta alcanzar la paz mental. Su carácter es absolutamente loable, honorable y bello". La persecución de la sabiduría es uno de los objetivos fundamentales, que está en clara contraposición de la información. Tener mucha información y saber de muchas cosas no es ser sabio. El sabio tamiza y armoniza sus conocimientos junto con su experiencia

de vida. Para alcanzar la sabiduría fundamentalmente hay que tener una excelente deliberación, un sano juicio, gran sentido común y, de manera muy importante, perspectiva para poder vislumbrar el alcance de nuestro conocimiento y acciones. Todas las virtudes estoicas se contraponen a los vicios, que ellos denominan *kakia*. Los *kakia* de la sabiduría serían la insensatez y la irreflexión.

2. JUSTICIA. Conlleva el saber actuar y fundamentalmente sentirse bien en las relaciones con los demás. Es una virtud compleja que requiere de buen corazón, integridad, equidad y sentido de servicio público, lo que tan a gala llevaron los estoicos, con el servicio a la ciudad, la política y la sociedad en general. Su *kakia* serían la injusticia y la maldad.

3. CORAJE. La valentía requiere saber actuar y fundamentalmente sentir de la manera correcta en situaciones comprometidas, en situaciones donde aparecen sentimientos de miedo y angustia. Requiere de manera muy especial del concurso de la valentía, pero también de la confianza, la honestidad y la perseverancia. Su *kakia* sería la cobardía.

4. TEMPLANZA. La templanza requiere de autodisciplina. Es cuando actuamos y sentimos de manera correcta a pesar de las emociones intensas, que no dejamos que nos arrastren, como el miedo, el deseo, la lujuria, etc. Esta virtud requiere de orden, autocontrol, humildad y saber perdonar. Su *kakia* sería el exceso.

Por supuesto es una esquemática visión de las virtudes estoicas, pues la descripción de cada una y su profundización requeriría de un tratado para cada una de ellas. Lo importante en el individuo es el conjunto de las virtudes, pues se sobreentiende que cada persona tendrá un carácter más acusado en algunas virtudes y otras que tendrá menos desarrolladas. Lo importante es el autoconocimiento y ser consciente de cuáles son nuestras virtudes menos desarrolladas, para poderlas trabajar a través de ejercicios prácticos. En el estoicismo se tiene muy en cuenta el desarrollo y mejora continua de la persona para ir esculpiendo y configurando una personalidad y un carácter estoico. Por ello, los estoicos, como hemos contado anteriormente, siempre tenían un modelo de sabio al que parecerse, que les servía de referencia. Lo importante es el análisis continuo y constante de nuestras emociones, pensamientos y acciones en busca del comportamiento estoico adecuado. A un estoico se le reconoce por el carácter. Por ello ser virtuoso es sobresalir por el carácter que tiene la persona. No se actúa de manera virtuosa para obtener una recompensa y conseguir un objetivo concreto, se actúa de manera virtuosa porque es lo correcto en sí mismo.

Como hemos visto, el autoconocimiento requiere de una observación atenta y continua de nuestro mundo interno (pensamientos, emociones, actuaciones) y de nuestro mundo externo (percepciones, sentidos, etc.). Esta disciplina de la atención concentrada tiene claras reminiscencias budistas, pues la práctica budista requiere de la misma actuación. En el cristianismo hesicasta a esta práctica se denomina *nepsis.* El estoico debe ejercitarse en el desarrollo de la atención, que ellos llaman *prosoche.* El filósofo francés y estoico contemporáneo Pierre Hadot decía con bastante frecuencia: "La atención es la actitud espiritual estoica fundamental. Es una vigilancia y presencia de ánimo continua, una autoconsciencia que nunca duerme y una tensión constante del espíritu. Gracias a esta actitud, el filósofo es plenamente consciente de lo que hace en cada instante y todas sus acciones son plenamente voluntarias". Afirman con mucha frecuencia los maestros zen: "Cuando una persona duerme solo ha de dormir; cuando come solo ha de comer". El entrenamiento de la atención es quizás la práctica más generalizada y frecuente en todas las tradiciones espirituales de Oriente y, como podemos observar, de Occidente. Nuestra mente genera pensamientos, sentimientos, imágenes, emociones…, esa es su naturaleza y no la podemos ni la debemos cambiar. Es quizá la más elevada herramienta de la evolución, pues nos dota de la memoria y el intelecto y a su vez de un pensamiento lógico-racional que nos hace ser los mamíferos de mente más desarrollada. Pese a ser esto así, la complejidad de la mente humana y la creación de engramas y automatismos en la conducta, junto con la inconsciencia y falta de atención a nuestros procesos internos, nos hace vivir en una situación de ansiedad, angustia e incertidumbre continua. El trabajo con la *prosoche* nos llevará no solo a un mayor autoconocimiento y autocontrol, sino a un pensamiento más fino y analítico, y a una percepción más clara y nítida de nuestra realidad interna y externa.

Los estoicos estaban muy preocupados por la sociedad y por la naturaleza y el entorno. A diferencia de otras escuelas de pensamiento, el pragmatismo estoico nos hace ver que debemos aportar nuestro compromiso y actitud virtuosa para ayudar a los demás y a nuestro entorno. En este sentido el estoicismo es una filosofía social y ecológica. Actuar por amor a la humanidad y por el bien común es una práctica continua del estoico. Somos animales sociales y racionales, y por eso debemos contribuir a través de algún servicio con la comunidad. Por ello vemos cómo muchos estoicos, sobre todo de la época romana, participaban del gobierno de ciudades, del Senado e, incluso, como en el caso del emperador Marco Aurelio, de todo el Imperio romano. Marco Aurelio, cuya obra *Meditaciones* sigue siendo uno de los libros más leídos en la actualidad, afirmaba: "Lo que no aporta beneficio a la colmena no aporta beneficio a la abeja". Para el estoico, el mundo es un juego de interdependencias en el que todos los elementos están interrelacionados, todos dependemos los unos de los otros. Los estoicos son claros al respecto de cómo tratar a nuestros semejantes, muy especialmente a los enemigos, como si fueran familiares. Podemos entender la vinculación y alineamiento claro del pensamiento estoico con el cristianismo y cómo los seguidores de Cristo encontraron en el estoicismo una fuente filosófica en la que nutrirse.

Uno de los principios fundamentales del estoicismo es lo que se denomina en la actualidad "dicotomía del control", que básicamente viene a decir que hay que centrar nuestra atención solo en lo que se puede controlar, tratando de no perder energía ni esfuerzo en aquellas cosas que no están bajo nuestro control. Esto, que parece sencillo, no lo es tanto y es posiblemente la esencia fundamental del pensamiento estoico. De hecho, toda la enseñanza estoica y muy especialmente de Epicteto, viene recogida en este principio fundamental, que él menciona en uno de los pocos libros suyos conservados de él, pero quizás uno de los más leídos y estudiados, el *Enquiridión*. Igual que Buda, realizó un profundo análisis del sufrimiento humano, para llegar a la conclusión de que este se basa en los deseos y en la continua proyección de nuestros anhelos y esperanzas. Epicteto también realizó un análisis profundo del sufrimiento emocional, para llegar a la conclusión de que el ser humano se preocupa en demasía por los eventos externos que no están bajo su control. La idea es centrarse en lo que uno controla, aceptar lo que ocurre y sacar lo mejor de todo ello. Nuestra angustia y ansiedad se derivan de estar continuamente anticipando las cuestiones que aún no han pasado, pero que tememos o queremos que pasen. Nuestra mente, que no está centrada en el presente, en el aquí y en el ahora, sino que de manera continua viaja al pasado en busca de hechos dolorosos o gratificantes, o hacia el futuro tratando de visualizar lo que aún no ha acontecido, genera incertidumbre y ansiedad. El estoico vive el presente, el aquí y el ahora, y para ello entrena su atención. Cuando nos acontece algo es en el ahora; el pasado se fue y el futuro está por llegar, por ello preocupémonos solo del presente. Cuando algo nos acontezca en el presente aceptémoslo en su justa medida, sea bueno o sea malo. En esencia, las cosas no son buenas ni malas, solo son nuestros juicios sobre ellas las que las dotan de una cualidad positiva o negativa. Si vamos por la calle y un antiguo amigo nuestro está enfadado y nos insulta, esa situación nos enfadará y entristecerá. Nos preguntaremos cómo puede ser, a nuestro pensamiento acudirán cientos de imágenes y recuerdos plagados de emociones, pasaremos revista a todas las cosas que hemos hecho por él. Enseguida pensaremos que es injusto que nos trate así, que él no es más que nosotros y que no nos vamos a dejar avasallar, y cuando seamos un volcán a punto de estallar, estallaremos, pues nuestras emociones nos arrastrarán a una conducta desordenada e impulsiva. Nuestra capacidad de raciocinio y pensamiento estarán abolidos, lo único que primará será el enfado, la tristeza y la necesidad de dar una lección a nuestro amigo, y por ello nuestra conducta será atropellada, impulsiva y muy contundente. Es probable que nos enzarcemos en una discusión acalorada en la cual cada vez existan más agresiones verbales y esto nos lleve a una situación muy incómoda. Por cierto, cuando esta situación haya pasado, seguiremos rememorando en nuestro pensamiento la situación, la seguiremos rumiando y nos diremos que no hemos actuado de manera adecuada, que deberíamos haberle dicho y recordado tal y cual cosa, etc. Se nos quitarán las ganas de comer, le contaremos a nuestra familia lo acontecido y añadiremos más detalles y algunos elementos inventados a la situación, para dotarla de mayor dramatismo. Por la noche seguiremos con nuestra pelea, lo continuaremos recordando y tendremos un sueño poco reparador, incluso es posible que tengamos una pesadilla. Creo poder decir sin miedo a equivocarme que nos podemos sentir identificados con esta situación. La realidad cuando es analizada desde una perspectiva realista y rigurosa es otra bien distinta. En primer lugar, que nuestro amigo esté enfadado o no con nosotros puede que haya estado influido por acciones o comportamientos nuestros, pero es una decisión suya, no nuestra. Una de las máximas más importantes del estoicismo es que nosotros somos los que elegimos y decidimos nuestro comportamiento. Cuando un amigo nos interpela, discute e insulta, es una decisión suya que nos dota de la absoluta libertad de tomar la decisión de cómo queremos responder. En esta situación lo que nos genera un torbellino de emociones desencadenadas sin control es la indignación de saber que no nos merecemos ese trato y, automáticamente, pensamos en que nuestro amigo está siendo injusto; muy al contrario debería admirarnos, reconocernos y demostrar respeto y agradecimiento. Pero, en esencia, este cúmulo de emociones que se desencadenan en nuestro interior son interpretaciones que hacemos de la realidad. Estas interpretaciones están condicionadas por nuestra personalidad, nuestros complejos y los engramas aprendidos de nuestra conducta. El sabio estoico no reprime las emociones, muy al contrario, las percibe con nitidez, es consciente de su aparición, contempla cómo emergen en su consciencia, centra su atención en ellas y, en vez de dejarse llevar y arrastrar, las analiza, observa cuál es su origen, a qué se deben, y las deja pasar como si de nubes se tratara. De esta manera rompemos los automatismos de la mente e impedimos que el mundo emocional nos arrolle y nuble nuestro raciocinio. Por eso para el estoico la atención es tan importante. Su centramiento es la clave del éxito. Cuando aparece la emoción él no responde de manera automática, se centra en ella y la deja pasar. En este punto el estoicismo y el budismo coinciden en su forma de manejar el mundo emocional. Solo la mente está bajo nuestro control, nuestro juicio es la fuente de nuestra libertad. Las cosas ocurren y no podemos controlar que la vida nos depare las cosas que nos suceden; lo que sí podemos hacer es controlar las opiniones sobre lo que nos ocurre, es decir, cómo interpretamos la realidad. En el ejemplo que hemos puesto, nuestro sufrimiento es debido al descontrol emocional y la interpretación que realizamos de esa realidad: que nosotros no merecemos ese trato, sino muy al contrario, merecemos un trato fabuloso. Como partimos de la creencia de que somos maravillosos con nuestro amigo y estamos haciendo tanto por él, no admitimos que nos trate de esa manera despectiva, y por ello nos rebelamos y nos enojamos. Queremos ponerle en su sitio, darle una lección que le deje por los suelos y nosotros quedemos en el estatus donde debemos estar, es decir, superior a él. El psiquiatra y estoico Victor Frankl en su obra y en su técnica *Logoterapia,* que está basada en los grandes principios estoicos, habla de "libertad de elección": "Al hombre se le puede arrebatar todo salvo una cosa, la última de las libertades humanas: la elección de la actitud personal que debe adoptar frente al destino, para decidir su propio camino".

Si sistematizamos la situación, observamos que, cuando ocurre algo y se produce un estímulo, existe un automatismo inconsciente que da respuesta a este estímulo de manera mecánica y rápida. La clave es aprovechar esta brecha a través de la observación y la atención para darse cuenta y ser consciente de este estímulo y la reacción que provoca en nosotros, y elegir la reacción con conocimiento que vamos a tener. De esa manera elegimos la respuesta más adecuada. Es lo que los estoicos denominan "elección razonada". Por todo ello, son nuestros juicios en forma de pensamientos, opiniones e interpretaciones los que nos generan sufrimiento y aflicción. Como decían los estoicos, cuando las emociones se apoderan de nuestra mente nublan nuestro juicio y controlan nuestra conducta. Estos automatismos del inconsciente se deben a miles de años de evolución y adaptación al medio, pues el cerebro humano se ha configurado para hacernos sobrevivir y por ello centramos antes nuestra atención en los obstáculos y mucho menos en las oportunidades. Para un buen estoico, todo es aprendizaje y todo es progreso; es más, la vida en sí misma, cuantas más dificultades me traiga, más posibilidades de progreso y desarrollo tendré. Por ello, Marco Aurelio hablaba de que vivir es una batalla y una guerra continua, para tratar no solo de sobrevivir, sino para aprovechar ese obstáculo para ser mejores y perfeccionarnos. Por eso en muchas ocasiones hablamos del "guerrero estoico". Como podemos ver, el trabajo estoico pasa por un atento análisis del mundo emocional y los pensamientos que desencadenan. Las emociones negativas surgen de desear controlar lo que no está bajo nuestro control. Es el juicio erróneo sobre un acontecimiento lo que provoca emociones negativas, y estas nos arrastran a actuar de manera compulsiva en lugar de utilizar nuestra razón.

Desde el punto de vista estoico, debemos asumir tres principios básicos que deben regir nuestra existencia:

- Las virtudes son nuestro único bien verdadero. Por lo tanto, *areté*.

- Lo que no está bajo nuestro control nos debe resultar indiferente. Si hacemos un análisis riguroso, comprobaremos que casi todas las cuestiones no están bajo nuestro control.

- Nosotros somos los únicos responsables de nuestra felicidad.

Por todo ello, la práctica estoica se centra en *areté* y *prosoche,* y por ello trabaja sobre la consciencia. El ser humano está sumido en el automatismo inconsciente. Al faltarnos consciencia nos dejamos llevar por las primeras impresiones. Nuestros juicios erróneos surgen precisamente por no ser conscientes.

Otro de los elementos fundamentales del pensamiento estoico es la denominada "aceptación estoica", que en múltiples ocasiones se ha malinterpretado como resignación. El estoico no es resignado, el estoico acepta y se enfrenta con valentía y templanza a lo que la vida le trae, lo asume si no puede cambiarlo y lo integra. Eso no es resignación. Los estoicos hablaban en muchas ocasiones de la "metáfora del arquero": nos centramos en lo que podemos controlar y dejamos que lo demás sea como tenga que ser. En definitiva, es centrarnos en el proceso y no estar pendiente del resultado, pues este no está bajo nuestro control. Debemos hacer las cosas lo mejor que sepamos y podamos, despreocupándonos del resultado final, ese ya no depende de nosotros. Para ello hay que esforzarse lo máximo posible, pues, si nos centramos en el proceso, este afectará claramente al resultado y las probabilidades de que consigamos el objetivo deseado serán muy altas. Pero no nos angustiemos por conseguir el objetivo, porque en esencia depende de múltiples factores que no están en nuestras manos.

Como hemos visto anteriormente, el sufrimiento se debe a que luchamos contra la realidad de manera continua. Afirmaba Victor Frankl: "El dolor existe, el sufrimiento es opcional".

Las cosas son como son y acontecen como suceden, y nosotros solo podemos controlar nuestras acciones, no sus resultados. Por ello no nos queda mas que aceptar tranquilamente lo que nos suceda. Esto requiere cultivar y trabajar la aceptación de lo que ocurre y lo que nos depara la vida, aunque no sea agradable. La vida es como una partida de cartas: en el reparto del juego nos pueden tocar buenas o malas. El mejor jugador es aquel que saca un mejor partido de las cartas que tenga, aunque estas no sean buenas. Al buen estoico le pasa exactamente igual: es aquel que aprende y saca el mejor partido de todo aquello que la existencia le depara. Como coloquialmente se suele decir, si la vida te manda limones, haces limonada. Como decíamos anteriormente, al estoico le denominamos "guerrero-filosofo", pues todo en la vida lo ven como un reto, como una oportunidad de ser mejores y perfeccionarse. Es mucho más difícil aceptar y afrontar la desgracia que luchar. El instinto nos lleva a la lucha; la razón nos lleva a la aceptación y la integración. Quiero dejar claro que no estamos en absoluto hablando de resignación, sino de llegar al convencimiento a través de la razón y el juicio lógico de que no podemos cambiar las cosas.

Para los estoicos, el resultado de nuestro comportamiento virtuoso está más allá y, en última instancia, depende del destino. Por ello, todo lo que no depende de nosotros es indiferente y ni ayuda, ni perjudica, ni sirve para tener una vida feliz. Por ello, en el ideal de la vida estoica resulta indiferente la riqueza, la pobreza, la representatividad, los cargos, etc. Lo único importante somos nosotros y el cultivo de *areté*. El estoico, al igual que el budista, parte de la premisa de la transitoriedad: todo cambia, todo está en continuo movimiento y todo es interdependiente. Cuando a un estoico le acontece alguna desgracia, sabe, conoce e integra que esta situación es pasajera, de igual manera que si tiene un golpe de suerte. La alegría, la tristeza y el resto de las emociones son pasajeras, lo único estable son nuestras virtudes. En el estoicismo llamamos "indiferencia preferente" a aquella situación en la que una persona puede elegir querer algo, pero desde la indiferencia y el desapego, y por lo tanto, si no la obtiene, no pasa absolutamente nada. Por ejemplo, para ser feliz nos da igual ser feos o guapos, yo puedo elegir querer ser guapo, pero desde un razonamiento indiferente, no pasa nada si no lo soy. Para el estoico la indiferencia preferente más importante es la amistad.

Existen muchos otros principios estoicos, pero estos son los pilares básicos de este estilo de vida. En resumen, y sin querer ser demasiado sinóptico, podríamos decir que la persona estoica pretende un ideal de sabiduría que viene representado por el modelo de algún sabio que existe o existió, que cultiva sus virtudes a través de una vida atenta, y observando su vida y comportamiento para dar la mejor versión de sí mismo. Solo a través de la observación y la atención plena, junto con la reflexión rigurosa, se puede llegar a perfeccionar la conducta y la personalidad. El estoico utiliza toda su vida como un laboratorio de experiencias para llevar a cabo este perfeccionamiento y mejora. Por ello Epicteto comparaba la filosofía con la artesanía, pues la vida se convierte en la materia prima, en el arte de vivir. Para el estoico cada acontecimiento de la vida es como un bloque de mármol o una obra de arte, y nosotros debemos esculpirlo o embellecer ese acto. Todas las adversidades de la vida son pruebas. El principal paso es ser consciente a través de una autobservación continua y enfocada de nuestras emociones y pensamiento, para anclar nuestras virtudes y actuar conforme a nuestra naturaleza, conforme a nuestro *daimon*.

Los ejercicios prácticos del estoicismo

"La vida es como una leyenda: no importa que sea larga, sino que esté bien narrada".

Séneca

Como hemos visto, las personas estoicas están toda su vida practicando para mejorar la autoobservación, el conocimiento de sí mismos y su conducta conforme a las virtudes estoicas que nos hacen ser noble y sabio. Ello requiere de una práctica continua, por ello decíamos que el estoicismo es una filosofía práctica, una filosofía de la vida. Los estoicos hablaban de que la vida era un gimnasio donde ejercitar su conducta a través de múltiples ejercicios prácticos. Las primeras escuelas estoicas eran aquellas donde a los alumnos se les formaba y entrenaba a través de múltiples ejercicios prácticos. Como este libro quiere reflejar el verdadero espíritu estoico y huir de la teoría, para ser un manual práctico vamos a dedicar este capítulo a describir todos aquellos ejercicios estoicos que el lector debe poner en práctica para vivir como un estoico. Ser estoico, como cualquier otra cosa en la vida, es una decisión interna, es decir, una actitud, y por ello depende de nuestra decisión libre y de nuestra voluntad interna. En mi caso, decidí ser estoico cuando había tocado fondo en la vida y me planteé que debía aprender a gestionar mi mundo interno y la realidad compleja que la vida me estaba mandando. Una persona decide hacer algo: lo piensas, lo reflexionas, lo meditas y decides hacerlo. La práctica estoica en el gimnasio de la vida es un proceso y como tal debemos ser constantes. Como hemos dicho, no debemos estar pendiente de los resultados, sino simplemente aplicarnos en nuestros ejercicios con toda nuestra dedicación. No podemos ni debemos aplicarnos en el estoicismo, pensando que lo hacemos porque somos especiales y vamos a ser superiores a los demás porque seremos más perfectos. La humildad es una de las características más importantes de la persona estoica. Por ello, como dice el filósofo estoico Williams Irvine en su excelente libro *El arte de la vida,* debemos practicar el "estoicismo furtivo", que significa no contarle a nadie que te has convertido en un filósofo y que te has hecho estoico, sino que simplemente debemos poner en práctica en nuestra vida sus principios. Irvine afirma que es bueno mantener en secreto que se es estoico practicante. Esto no quiere decir que se pertenezca a una secta secreta y que no se pueda comunicar que se está realizando una práctica estoica, sino que se refiere a que no debemos presumir ni alardear de ello. Solo debemos vivir conforme a los principios estoicos, esto nos convierte automáticamente en personas estoicas.

De igual manera que en los gimnasios se ejercitan los músculos y el cuerpo, en el gimnasio estoico debemos ejercitar las virtudes estoicas a través de la práctica regular de una serie de ejercicios prácticos. En la actualidad, han aparecido muchos textos que proponen un calendario y una guía estoica para llevar el control riguroso de lo que se realiza. Mi propuesta es que se practique de manera regular los ejercicios que les voy a proponer. Las mismas recomendaciones que se dan para ejercitarse en una técnica de relajación o en la meditación son las que deben de regir en la práctica del estoicismo. Cuanta más regularidad, mejor; cuanta más constancia, más adquiriremos los hábitos que queremos desarrollar. Por ello practiquemos de manera asidua y regular: si es posible cada día; si es posible dos veces al día, mejor que mejor. Si nuestra compleja vida cotidiana nos hace imposible la práctica regular todos los días, no pasa nada, no hay que castigarse y sentirse culpable. Se hace lo que se puede. Lo importante es volver una y otra vez a nuestra práctica. Como puede verse, estos son los mismos principios de cualquier práctica psicofísica, espiritual, corporal, etc.

Mi consejo es realizar dos entrenamientos al día, uno al levantarse y el otro al final del día, bien después de haber concluido las actividades laborales, bien por la noche. Estos dos periodos de tiempo a lo largo de todos los días, durante quince o veinte minutos, serían suficientes para establecer unos hábitos de conducta perdurables.

Vamos a describir algunos de los ejercicios más habituales. No significa que estén todos, pero si los más representativos. Tampoco significa que unos sean más importantes que otros, todos son importantes y todos afectan a diversas dimensiones de la persona que debemos trabajar.

Práctica del modelo estoico

Hemos dicho ya que es muy importante tener referencias de personas sabias que nos sirvan de modelo. Los estoicos siempre tenían un modelo, que solía ser un sabio del pasado que encarnaba todas las virtudes que imitar. Este modelo puede estar vivo o no, y podemos acudir a él en busca de consejo preguntándonos: ¿qué habría hecho él en esta misma situación?, ¿cuál habría sido su comportamiento? Los estoicos aconsejaban buscar este modelo, conocer su obra y su vida, e incluso recrear a través de la visualización encuentros ficticios con él en los que reproducir un dialogo y un encuentro maestro/alumno, en los que le interrogamos sobre todo lo que queramos. En nuestro caso, debemos elegir una persona no ficticia y que para nosotros encarne las virtudes del sabio y nos sirva como guía y referente. En las tradiciones espirituales es muy frecuente esta práctica, se toma como guía y referencia al maestro: Cristo, Buda, etc. Cuanto más conozcamos de nuestro guía, mejor, aunque recreemos de manera ficticia su forma de hablar, su forma de mirar, su forma de hablar, su comportamiento. Cuanto más interiorizado lo tengamos, más se convertirá en un guía interno y nuestra conducta se aproximará más a esta idealización de nuestro prototipo de sabio. En algunas ocasiones, este modelo puede ser un familiar, un profesor, un terapeuta… Debemos dejarnos la libertad de buscar y encontrar nuestro modelo. Una vez hallado, no debemos cambiar. En ese momento se convertirá en nuestro maestro interno.

Práctica de la vida sencilla

La vida estoica es sencilla, nada complicada. El sabio estoico es sencillo, humilde, lleva una vida sin estridencias en perfecta armonía y con absoluta discreción. El estoico vive alejado del deseo de riqueza y de ostentación. El estoico no desea nada, simplifica su vida al máximo y vive con lo que necesita únicamente. No estamos haciendo una apología de la pobreza, sino de la sencillez. Esto no significa que se castigue y nunca pueda llegar a tener riquezas, cargos o reconocimientos, sino que no los anhela, no los busca. Si llegan, uno debe estar dispuesto a desprenderse de ellos sin sufrimiento. No hay apego material, no hay apego afectivo, se vive el momento y lo que hay en él.

Una de las mayores críticas que tuvo uno de los estoicos más famosos, Séneca, era que, para ser estoico, era una de las personas más ricas y adineradas de Roma. La crítica era que debía predicar con el ejemplo, por lo tanto, no se concebía que poseyera la fortuna que tenía basada en su buen olfato para los negocios. Sin embargo, los reveses de la vida le llevaron a arruinarse y perder esta fortuna en varias ocasiones, como producto de su destierro y represalias por parte del emperador. Él estuvo dispuesto a perderlo y no sufrir por ello, no lamentarse de la pérdida y vivir con lo que tenía en cada momento.

El elogio de la vida sencilla daría para un tratado en sí mismo, pues es un estilo de vida, una forma de ser y estar en el mundo. Una vida equilibrada y armoniosa siendo frugal y mesurado en nuestras conductas, hábitos y costumbres es lo que debe regir nuestro comportamiento. Se debe realizar un examen exhaustivo de nuestra vida y eliminar de ella lo que no resulte esencial, lo innecesario, lo superfluo. En muchas ocasiones hacemos depender nuestra vida de asuntos que no son necesarios y, cuando nos damos cuenta, toda nuestra vida está girando y centrada en torno a objetos, situaciones y deseos banales. Hay que elegir una vida con sabiduría y determinar qué es lo más importante. Cuando se haya determinado y concretado lo que es más importante en nuestras vidas, ya se puede eliminar lo demás, pues resulta superfluo. Incluso se puede realizar una lista de cosas importantes en nuestra vida y priorizar, ponderando con un número de lo más importante a lo menos. Esta lista en muchas ocasiones es buena tenerla presente en nuestro día a día, para no desviarnos de nuestras preferencias y seguir el camino que nos hemos impuesto.

Práctica de rutina matutina

Todos los estoicos al comienzo del día preparaban y planificaban su jornada. Se cuenta que sabios como Epicteto o el emperador Marco Aurelio tenían, nada más que despertaban, unos momentos en los que repasaban con la mente cuáles eran las acciones que realizarían ese día. Pero lo más importante es que, dentro de esa planificación mental, se abrían a la posibilidad de que pudiera acontecer cualquier cosa, incluso su propia muerte. El estoico comienza el día con energía, con afán por estar abierto a la existencia sin cerrarse ni negarse a cualquier circunstancia que acontezca. Esta disposición abierta y receptiva es fundamental para encajar todos los avatares de la existencia. El emperador Marco Aurelio afirmaba en su célebre texto *Meditaciones* que hay que estar abierto a que te insulten, te cruces en el camino con un necio o te puedan agredir; en definitiva, que debes estar preparado para cualquier eventualidad, puesto que todo acontecimiento es un elemento de aprendizaje para el estoico.

Práctica de rutina nocturna

Para el estoico tan importante es la planificación del día como el análisis cuando acaba de todo lo acontecido durante la jornada. El propio Séneca recomendaba en sus escritos realizar un análisis frío y desapasionado de todo lo que habíamos hecho durante el día, con el claro propósito de analizar nuestros pensamientos, nuestras emociones y nuestra conducta. Debemos preguntarnos qué hemos hecho bien en el día, cómo podemos mejorar y cómo deberíamos haber realizado mejor las cosas. El análisis tiene un objetivo didáctico, de aprendizaje, nunca debe ser punitivo. Hay que ser autoindulgentes con nosotros mismos, la autocompasión debe ser una virtud que trabajemos. Debemos partir de la base de que no somos perfectos y que, por lo tanto, cometeremos fallos. Lo importante es contemplarlos, analizarlos sin juzgar e incorporar estos aprendizajes a nuestra vida cotidiana. El autoanálisis y la reflexión es uno de los elementos nucleares de la práctica estoica que fue incorporado al acervo de las prácticas cristianas y que terminaron derivando en el "examen de conciencia", tan utilizado en los ejercicios espirituales de san Ignacio de Loyola.

Práctica de la *prosoche*

La totalidad del trabajo estoico está basado en el trabajo y el entrenamiento de la plena atención. Para autoobservarse, para reflexionar de manera adecuada, para contemplar nuestros pensamientos, emociones y conductas, se hace necesario un importante trabajo con la atención, con lo que los estoicos denominaban *prosoche*. Veíamos anteriormente que el estoico estaba en un estado permanente de atención a todo lo que acontece en su interior y en su entorno. Realmente el verdadero entrenamiento estoico está basado en un duro trabajo con la atención, lo cual significa que la esencia del estoicismo es un trabajo con la consciencia humana: cuanta mayor atención, mayor consciencia; a mayor consciencia, mayor control y centramiento en el aquí y el ahora, y desarticulación de los automatismos inconscientes. Todas las tradiciones espirituales comienzan y basan su principio fundamental en un trabajo sobre la atención y la consciencia. El cristianismo hesicasta, que se origina con los padres del desierto en los comienzos del cristianismo y que es heredero de los principios estoicos, denominaba a este estado continuo de observación *nepsis*. Por ello recomiendo que la principal actividad del estoico moderno vaya dirigida al trabajo sobre la atención. Para ello pueden utilizarse múltiples técnicas. En la actualidad está muy extendido el *mindfulness,* que no deja de ser el método budista tradicional sin la carga filosófica y religiosa. Pero cualquier método nos sirve, por ello quien practique meditación, *mindfulness* yoga, relajación dinámica, etc. dispondrá ya de un entrenamiento de la atención.

No pretendo ser prolijo en este punto, pues este es un libro práctico sobre estoicismo. Aconsejo a los lectores que consulten la bibliografía especializada, que hay mucha y excelente. No obstante, daré unas indicaciones básicas sobre el entrenamiento de la atención a partir de una técnica sencilla y elemental:

- Buscar una postura cómoda sin exceso y siempre con la espalda recta. Puede ser la postura del loto o semiloto, en un cojín o bien sentado en una silla, sin apoyar la espalda en el respaldo, con los pies bien apoyados en el suelo y las manos en los muslos.

- La cabeza debe estar ligeramente con el mentón hundido y la coronilla dirigida hacia arriba. La cabeza no puede estar ni muy caída ni excesivamente elevada.

- Los ojos pueden estar abiertos, cerrados o, mi consejo, semicerrados, con la vista dirigida a un palmo de nosotros.

- Mantener la postura corporal durante el tiempo que estemos meditando, procurando mantenerse en la misma postura.

- La boca debe estar ligeramente entreabierta, con la lengua detrás de los dientes.

- La respiración, tranquila y profunda, procurando que sea por la nariz y tratando de que la inspiración sea más corta que la espiración. El tiempo de la espiración debe ser el doble de la inspiración.

- Dejar pasar libremente los pensamientos y centrar la atención única y exclusivamente en la respiración. Cuantas veces nuestra atención se vaya de la concentración en la respiración, tantas veces debemos volver a fijar nuestra atención en esta. Para ello hay varios trucos, aunque cada persona tiene que seleccionar el que prefiera o le vaya mejor. Yo propongo estos tres:

  1. Contar las respiraciones. Es decir, inspiro y cuento mentalmente uno, espiro y cuento dos. Repito una y otra vez, o bien cuento del 1 al 10 y repito una y otra vez el ciclo de respiraciones del 1 al 10.

  2. Otro método es fijar la atención en el aire que entra por las fosas nasales o bien en los movimientos de la caja torácica o del abdomen.

  3. Otro es fijar una palabra o frase y repetirla una y otra vez, coordinándolo con nuestra respiración como si fuera un mantra. Inspiramos y repetimos mentalmente una sílaba y espiramos y repetimos otra silaba.

- Este sencillo método es más que suficiente, siempre y cuando lo repitamos con regularidad. Yo siempre aconsejo diez o veinte minutos dos veces al día, por ejemplo, pot la mañana y por la tarde/noche.

- Procurar siempre no utilizar ropas muy ajustadas, cinturones que aprieten, no estar recién comido ni al irse a dormir. La estancia debe estar con una temperatura ambiente ni muy fría ni muy cálida.

- Sobre el uso de la música no existe nada definido. Hay personas que prefieren acompañar la meditación con la audición de música tranquila y relajante, y otras a las que no les gusta. Es cierto que yo siempre recomiendo no utilizar música, porque esta tiene efecto evocador de imágenes y en muchas ocasiones, nos juega malas pasadas y nos sorprendemos cómo nuestra mente divaga y nos sitúa en un mundo de ensoñación.

Práctica del *memento mori*

Uno de los principios estoicos fundamentales es recordar la impermanencia de las cosas: todo es efímero, todo pasa, nada es estable. Este principio tiene resonancias budistas y por supuesto esta entroncado con filósofos clásicos como Heráclito que alegaba "que no hay nada permanente, nunca nos bañamos en las mismas aguas del río". Esta ley de la impermanencia afecta a toda la existencia, muy especialmente a nosotros como individuos mortales y finitos. El recuerdo continuo de que eres mortal y que tu finitud te obliga a vivir el momento presente con intensidad y dando lo mejor de ti mismo es la practica estoica del *memento mori,* que, aunque es exclusiva de los estoicos, podemos encontrar también en otras tradiciones espirituales, muy especialmente el budismo, y más específicamente el tibetano y el hesicasmo cristiano. Esta concienciación de la transitoriedad, finitud y mortalidad la adquirimos visualizando nuestra propia muerte.

Un clásico ejercicio de visualización que nos llevará a contemplar nuestra propia muerte como si se hubiera producido es el que expongo a continuación. Mi recomendación para este ejercicio es adoptar una postura cómoda y comenzar brevemente con una relajación corporal y una concentración en nuestra respiración. Aconsejo llevar a cabo el ejercicio de *prosoche* descrito en el apartado anterior. Cuando hayan trascurrido unos minutos, nos imaginamos que estamos inmóviles en nuestro ataúd. Tratamos de visualizar que hemos muerto, estamos en nuestro funeral y nuestros seres queridos y allegados nos acompañan en nuestra despedida. Este ejercicio suscita en muchas ocasiones sensaciones bruscas de ansiedad e incomodidad. Si la visualización es muy viva, puede llegar a crearnos un cierto estado de angustia. La recomendación es estar atento a las emociones que se mueven en nuestro interior, ser conscientes y simplemente dejarlas pasar, no afianzarse en ellas. Si las sensaciones y emociones son tan intensas que nos ocasionan angustia, ansiedad o gran inquietud, abandonamos esa visualización y pasamos a relajarnos y volver a concentrarnos en nuestra respiración, hasta que consigamos sosiego y paz de nuevo. Cuando hayamos alcanzado este estado, volvemos una vez más a la visualización de nuestro cadáver rodeado de familiares, que nos acompañan para darnos el último adiós. Este ejercicio se repite una y otra vez, hasta que seamos capaces de contemplar nuestro cadáver sin experimentar grandes emociones que nos saquen de nuestra paz interior. Una variante es que, cuando la angustia y la ansiedad nos produzcan gran malestar y no podamos soportarlo, abandonemos las imágenes de nuestro cadáver y recurramos a unas imágenes seleccionadas por nosotros con anterioridad, como pueden ser imágenes de un bosque, el mar, un lugar que nos aporte paz, es decir, una visualización de un lugar asociado a paz, tranquilidad y, sobre todo, seguridad.

Utilicemos la técnica que utilicemos, debemos tratar de llegar a visualizar ese momento de vernos y sentir que hemos muerto y que nuestra existencia terrenal ha concluido. Cuando lo hayamos logrado, es aquí donde comienza el ejercicio realmente interesante. Con la imagen de nuestro cadáver en la mente y el convencimiento de que no vamos a volver a la vida terrenal, reflexionamos y nos planteamos: ¿ha merecido la pena nuestra vida? ¿Cambiaríamos alguna de nuestras cosas, relaciones, comportamientos, metas...? ¿Hemos sido virtuosos? ¿Cuál ha sido nuestro comportamiento con los demás? En definitiva, realizamos una autorreflexión sobre nuestras vidas y sobre nuestra conducta en ellas. Cuando llegue el momento real de nuestra muerte, si esta no se produce de manera brusca y repentina, en ese momento en el que uno pasa revista a su existencia, lo que uno ha hecho y lo que debería haber hecho, es un momento crítico en el que nos arrepentimos de muchas cosas que deberíamos haber hecho y otras que habríamos realizado de otra manera. Es un momento en el que nos culpamos y nos entristecemos por haber dado demasiada importancia a muchas cosas que no merecían la pena y quizás haber descuidado otras que realmente merecía la pena vivirlas con pasión e intensidad. El momento de nuestra muerte en muchas ocasiones se llena de miedo y angustia, pero debemos tratar de que el momento más importante de nuestra vida junto al nacimiento sea un tránsito consciente, vivido y en paz.

Muchos filósofos y pensadores han afirmado con radicalidad que la filosofía y la vida es todo ello un entrenamiento para la muerte, y en cierto modo es cierto. Morimos como hemos vivido. Si nuestra vida ha sido incontrolable en las pasiones, llena de ansiedad, inconsciente, atribulada en la conducta y en definitiva desarraigada con nuestra propia naturaleza, nuestra muerte será temerosa, angustiosa y desesperante. Si nuestra vida ha sido una vida con sentido, virtuosa, reflexiva, de ayuda al prójimo, inspirada por el anhelo de ser mejores, vivida en paz y armonía con nosotros y con nuestro entorno, entonces nuestra vida no solo habrá merecido la pena, sino que nuestra muerte será serena y en paz. De aquí la importancia del ejercicio *memento mori* como uno de los más importantes de la práctica estoica. No solo aprender a morir, sino a morir para vivir; utilizar la muerte como un ejercicio de reflexión sobre nuestra conducta y nuestra forma de estar en el mundo, para que guiemos nuestra vida por los derroteros adecuados.

Aunque nos parezca este ejercicio un poco extremo y sádico, en las grandes tradiciones como el budismo o el hesicasmo el individuo llega a visualizar no solo su muerte, sino incluso las distintas fases de putrefacción de su carne, su propio cuerpo en descomposición, hasta llegar a los huesos y convertirse en polvo. La versión que nosotros proponemos, que es la versión estoica, es una versión más liviana y *light*. Lo fundamental es contemplarse muerto y evitar las sensaciones de angustia paliándolo con nuestra relajación, respiración e imágenes alternativas, y la reflexión sobre la existencia que llevamos.

Práctica de la vista de pájaro

Los seres humanos estamos absortos en nuestro mundo, en nuestras acciones y en nuestras vidas, sin tener en cuenta que el universo, el cosmos, es inmenso y que nosotros solo somos una pequeña parcela de un universo en crecimiento, plagado de planetas y galaxias, y quién sabe si de vida como la nuestra.

Si hacemos el ejercicio de sentir lo que puede suponer la vida de una pequeña hormiga, podemos llegar a hacernos a la idea de cuál es nuestra postura y posición en este universo. Imagina que una hormiga y su limitada consciencia son incapaces de poder tener consciencia de que existen humanos, de que existe todo un cosmos inmenso del cual esa pequeña hormiga forma parte. La consciencia de la hormiga es tan limitada que es incapaz de vislumbrar la inmensidad de la que ella forma parte sin saberlo. Una vida de hormiga es muy limitada, mucho más limitada que la vida de un pez, de un roedor o de un perro o un caballo. Nuestra consciencia y su capacidad condiciona la vida que contemplamos, cómo la vivimos y cuál es nuestra posición y nuestro papel en el mundo que nos ha tocado vivir. Nos creemos los reyes del universo, el estado más evolucionado de la consciencia en nuestro planeta y de manera ufana, de todo el cosmos. Creemos de modo ficticio que nuestras pequeñas vidas, nuestras acciones y nuestros pensamientos y sentimientos son lo más importante del universo, y por ello no tenemos capacidad de poder relativizar que somos una pequeña mota de polvo en el océano del cosmos. Como pensamos que somos lo más importante y que nuestras vidas y nuestras acciones son lo más importante, quedamos atrapados en la madeja y el enjambre de nuestros pensamientos y acciones, sufriendo como un pequeño ratoncito que rueda eternamente en su rueda. El mito de la caverna de Platón en cierto modo escenificaba lo que queremos reflejar aquí. Somos como míseros seres humanos que viven en una caverna cara a la pared y que solo vislumbran la existencia a través del reflejo de las sombras. Unas potentes cadenas nos atrapan e impiden nuestros movimientos, y esto hace que solo creamos y percibamos el mundo de las sombras, el mundo tenue y neblinoso de lo que puede verse reflejado en una pared. Si pudiéramos soltarnos de estas cadenas, liberarnos y salir, entonces contemplaríamos el universo tal y cual es, las formas, los colores, la belleza de una naturaleza que ni siquiera sospechábamos que pudiera existir.

Debemos relativizar con humildad nuestras existencias, no somos lo más importante para este complejo cosmos y esta existencia inmensa de la que formamos parte. Por otra parte, podemos vivir circunscritos a nuestra caverna, debemos salir al mundo exterior y contemplar la existencia en su gloriosa y espectacular manifestación.

Para ello utilizamos un sencillo ejercicio que, además de ser practicado de manera asidua por los estoicos, es bastante frecuente en el budismo y que se denomina "contemplación a vista de pájaro". Debemos partir de la situación de relajación profunda alcanzada a través de cualquier método de los referidos con anterioridad. Cuando nos encontremos en ese estado, debemos visualizarnos a nosotros mismos, dónde estamos sentados, la habitación, los detalles de nuestro cuerpo, nuestro entorno, etc. Posteriormente hemos de ir progresivamente retrocediendo en el espacio, como si de un *zoom* se tratara, y visualizar todos los detalles de donde nos encontramos. En primer lugar, desde nuestro cuerpo trasladamos nuestra mente a nuestra habitación, para posteriormente visualizar nuestra casa o el entorno más inmediato. Visualizamos las otras personas que pueden compartir nuestro entorno tratando de visualizar sus movimientos, la actividad que creemos que están haciendo en ese momento. Posteriormente retrocedemos para ver nuestro edificio, a otros vecinos, otras casas, ampliamos nuestro entorno de una manera más periférica. Podemos llegar a contemplar no solo la calle donde vivamos, sino incluso nuestro barrio entero y sus múltiples vecinos, teniendo en cuenta y siendo conscientes de su actividad (ellos tienen vidas como las nuestras, actividades, pensamientos y emociones como nosotros). De una manera progresiva seguimos a vista de pájaro, o podríamos decir a vista de dron, retrocediendo en el espacio para poder llegar a ver nuestra ciudad en su conjunto desde el aire: la población donde residimos, sus calles, sus gentes, etc. Si seguimos volando hacia atrás y retrocedemos podemos llegar a ver nuestro país desde el aire, su color, sus ríos, sus mares, sus millones de personas allá abajo con sus vidas y sus rutinas. Avanzamos y somos capaces de contemplar nuestro país en relación con los demás del entorno, los continentes. E incluso si seguimos avanzando, contemplamos la Tierra desde el espacio exterior: contemplamos su belleza, su serenidad, y nos hacemos conscientes de que es una inmensa nave que trasporta vida en la infinitud del espacio. Podemos llegar incluso a visualizar el planeta Tierra desde el espacio, rodeado del resto de los planetas, satélites y asteroides, el sistema solar, y más allá nuestra galaxia, y más allá otras galaxias, y más allá la Vía Láctea... Debemos ser capaces de visualizar la inmensidad del cosmos y ser conscientes del lugar que ocupamos en un pequeño rincón del universo en continua expansión, donde nacen y mueren estrellas. El cosmos está vivo y nosotros formamos parte de toda esa maravillosa maquinaria, pero nuestra pequeña y estrecha consciencia está atada en nuestras míseras vidas y no somos conscientes de cuánta inmensidad nos rodea. Cuando permanezcamos unos minutos visualizando este inmenso cosmos y tomemos consciencia de la inmensidad de la que formamos parte, entonces comenzamos el viaje de vuelta de manera paulatina hacia abajo y hacia atrás. Volvemos a nuestra Vía Láctea, a nuestro sistema planetario, a nuestra Tierra, a nuestro continente, nuestro país, nuestra ciudad, nuestro barrio, nuestro hogar, nuestra habitación y nosotros allí meditando y realizando esta extraordinaria visualización. Cuando nos contemplemos meditando tomaremos consciencia de nosotros en relación con el amplio cosmos del que formamos parte, y trataremos de comprender que nuestra vida, nuestras acciones, pensamientos y emociones, forman parte de un todo más inmenso, maravilloso y colosal, y que todo en esta vida debe estar medido de una manera proporcional y relativa.

Visualización negativa

La vida tal y como la plantean los estoicos es un continuo entrenamiento y por ello esta es el gimnasio donde debemos entrenarnos. Si antes decíamos que la vida es un entrenamiento para la muerte, el estoico entrena la suya para los reveses que sabe que va a recibir a lo largo de su existencia. Esto no significa regodearse en el pesimismo y en las funestas predicciones de una mente neurótica, sino simplemente entrenar la resiliencia emocional para poder estar preparados para lo peor. Todas las vidas tienen claros y oscuros, nada es eterno y todo es cambiante y transitorio, pero debemos entrenar nuestro pensamiento para poder afrontar la adversidad con templanza y valentía.

Para entrenar la resiliencia, aconsejo elegir de manera deliberada algún hecho negativo que sepamos que puede acontecer en nuestras vidas con cierta prontitud. El hecho seleccionado no debe ser excesivamente duro ni dramático: puede ser la petición a un amigo de algo que dudamos que nos vaya a conceder, una revisión de nuestro automóvil en la ITV en la que creemos que nos van a poner problemas, una revisión médica en la que nos comentan que algo no va bien en nuestro organismo, una solicitud de ingreso en un empleo en el que es posible que nos rechacen, etc.

Cuando hayamos elegido de manera deliberada el hecho negativo, comenzamos a realizar la técnica de relajación o meditación que decidamos. Cuando nos encontremos en un profundo estado de relajación, visualizamos con la mayor claridad posible la situación adversa que hayamos elegido. Tratamos de contemplar con el mayor lujo de detalles nuestra conducta, nuestras reacciones, las conductas de los demás, etc. Cuando lleguemos al hecho negativo que acontece o nos comunican, tratamos de visualizarnos serenos, respirando, centrados en nosotros mismos y encajándolo en nuestra vida. Si esta visualización nos produce cierta angustia o ansiedad, abandonamos estas imágenes para pasar a profundizar en nuestra respiración y relajación, hasta que obtengamos un mayor estado de relajación. Cuando lo hayamos conseguido volvemos una y otra vez a esta situación, hasta que podamos afrontarla sin angustia ni ansiedad. Como realizamos en el *memento mori*, también podemos utilizar imágenes seleccionadas previamente que representen situaciones agradables y relajantes, y utilizarlas en contraposición cuando nuestro nivel de angustia requiera detener la visualización.

Práctica del malestar voluntario

Al igual que existe la resiliencia que menciona los aspectos emocionales y cognitivos, existe la física, es decir, la capacidad de soportar físicamente ciertos malestares asumibles para fortalecer el cuerpo. Somos conocedores de que muchas personas se bañan en el mar en agua fría, resisten grandes caminatas, soportan periodos de ayuno de una manera serena... Y todo ello no lo hacen por puro masoquismo, sino con el objeto de preparar cuerpo y mente para situaciones duras. Para el estoico, un cuerpo no entrenado y acomodado en el hedonismo de comidas ricas y copiosas, con ropas cómodas y ostentosas, sin hacer ejercicio físico y sin entrenarlo en los rigores de la naturaleza, es un cuerpo débil, y por lo tanto genera una personalidad débil y voluble. Por ello los estoicos proponen ejercitar tanto en cuerpo como la mente, y en concreto en los aspectos físicos llevar una vida activa entrenando la resistencia y el autocontrol. Si leemos con atención a Séneca podemos contemplar cómo el filósofo hispano realizaba rutinariamente ejercicios gimnásticos y se sometía voluntariamente también a ayunos para mantener la disciplina, el autocontrol y las pasiones a raya. Los malestares voluntarios a los que nos podemos someter deben ser siempre asumibles y llevaderos, pero han de realizarse con consciencia plena, es decir, lo hacemos con un objetivo, ejercitarnos en el autocontrol y la disciplina, y eso nos hará más fuertes y resistentes. Son muchas las acciones que podemos realizar. Como ejemplo está el ejercicio de la pobreza temporal solo bebiendo agua, realizamos ayunos o utilizamos ropa usada y vieja; o situarse ante hechos incómodos, como ducharse con agua fría, no utilizar el coche y usar trasporte público, no usar el ascensor, usar las escaleras, o bien renunciar voluntariamente a placeres que nos sean gratos para entrenar la autodisciplina. Pongo mi caso como ejemplo: soy un empedernido comprador de libros, sin embargo, puedo acudir a una librería, tocar, ver y disfrutar de los libros, pero no comprar ninguno. También me encanta la tarta de queso y no como, o bien, si como con otra persona y me la ofrece de postre, me disciplino a decir no. Como puede verse, son casos livianos que nos podemos permitir, pero que robustecen nuestra voluntad y control.

Práctica de la ecuanimidad

La ecuanimidad requiere compostura u estabilidad para que el individuo no se vea perturbado por ninguna emoción, dolor o situaciones que puedan arrastrarnos en un carrusel emocional. Una persona ecuánime se representa como el equilibrio de una balanza; todas sus opiniones, sentimientos y acciones están presididas por el equilibrio y la armonía. La ecuanimidad es una de las acciones estoicas de mayor importancia y por lo tanto tenemos que entrenarla con ahínco. Es pieza clave del estoicismo y del budismo, y en ambas tradiciones existen múltiples ejercicios para equilibrar nuestra mente. También los cristianos hesicastas, que partían de una base estoica, utilizaban y entrenaban la ecuanimidad, de ahí que utilizaran para esta la terminología griega y estoica: *apatheia* y *ataraxia.* Estas palabras se refieren a la serenidad de ánimo, desde la que se puede ejercitar la toma de decisiones de una manera desapasionada, y está también intrínsecamente unida a la justicia.

Para ejercitar la ecuanimidad es importante entrenar la *prosepe,* la autoobservación, y practicar algún ejercicio específico de ecuanimidad como el denominado *ejercicio de centramiento.* Este ejercicio, como otros que hemos visto en este apartado, es de visualización. Realizamos un ejercicio de visualización mediante una relajación profunda o una meditación. Cuando estemos en una situación de calma total, visualizamos que un amigo viene a discutir con nosotros, nos echa en cara y nos reprende, nos grita y nos amenaza por algo ocurrido que en el fondo no tiene nada ver con nosotros. Una vez realizada esta visualización, nos concentramos en las emociones que despiertan estas imágenes violentas e incómodas. Nos produce miedo, angustia, ira, agresividad. Cuando hayamos localizado qué tipo de emoción nos desencadena, nos concentramos en explorar meticulosamente la emoción negativa, de dónde surge; qué intensidad tiene; si se asocia a fenómenos corporales como calor, frío, hormigueo; dónde la experimentamos: en el pecho, en el abdomen; si nos sudan las manos; si se nos seca la boca... El éxito del ejercicio consiste en el análisis profundo de la naturaleza de la emoción desencadenada y su correlato físico. Observaremos que, cuanto más incisivos y rigurosos seamos en el análisis de la emoción, esta poco a poco perderá fuerza, se debilitará, su intensidad disminuirá, los síntomas físicos que la acompañan desaparecerán. De la misma forma que hemos estado expectantes para ver nacer la emoción, estaremos expectantes para ver morir la emoción y, lo más importante, vamos a asistir a su trasformación. Una emoción se forma como una nube, primero se produce el cumulo de agua y la condensación de la nube, luego se trasforma y por último se deshace.

Este ejercicio es muy eficaz para entrenar nuestra relación con nuestras emociones, cómo las gestionamos y fundamentalmente cómo logramos pasar de un cielo nublado y tormentoso a un cielo azul y despejado, es decir, a la *apatheia* y la *ataraxia*.

Como contamos al principio de este capítulo, son muchos otros ejercicios los que eran practicados por los estoicos en las escuelas griegas y romanas, y otros muchos que la psicología y el estoicismo moderno han añadido al acerbo práctico de la vida estoica. No obstante, estos diez que hemos descrito son los clásicos y los que aportan una mayor evidencia en la trasformación estoica de las personas.

Al inicio hemos realizado unas breves recomendaciones acerca de la práctica estoica en el gimnasio de la vida. Hablábamos de que la práctica de los ejercicios estoicos debe hacerse de manera regular a lo largo del día, tratando de disponer siempre de unos minutos por la mañana y unos minutos por la tarde/noche para podernos ejercitar. Es deseable mantener una rutina y una disciplina estoica a la hora de hacer lo que hay que hacer y superar la resistencia y desidia a no hacerlos, reducir el tiempo, posponer los ejercicios, no hacerlos porque se está de vacaciones o cientos de excusas que nos ponemos a nosotros mismos para caer en la desidia y la apatía existencial. Hay que ser riguroso, valiente, enérgico y disciplinado, y procurar mantener estas rutinas cuanto más tiempo se pueda, porque de esta manera se convertirán en hábitos. Y cuando hemos adquirido el habito, ya podremos decir que este tendrá su acción directa sobre las distintas capas del ser. Ya solo queda persistir, perfeccionar y potenciar.

Es bueno y deseable utilizar para el entrenamiento estoico el mismo lugar. Hay que identificar un lugar concreto en un lugar tranquilo de la casa, donde podamos encerrarnos, no ser molestados, y utilizarlo como gimnasio estoico, esa es la idea. Esta sala no debe ser ni muy pequeña ni muy grande, su temperatura no debe de ser ni muy cálida ni excesivamente fría. Cuantos menos objetos existan mejor. Algunos practicantes estoicos sitúan (al igual que en la meditación) una vela encendida que aporta un ambiente más cálido. Esa luz nos simboliza la luz de la conciencia. También se puede poner algo de incienso aromatizado, que envolverá el aire con un ambiente más recogido y predispone al recogimiento. Algunos practicantes ponen un dibujo o una foto del maestro estoico que decidieron seguir, que es como estar haciendo los ejercicios bajo la atenta mirada de ese maestro; así también nos sirve de guía y de modelo. Como dijimos, algunos estoicos utilizan música tranquila y relajante para conseguir serenar la mente, pero otros no, porque sienten que los distraen durante los ejercicios visuales e imaginativos. Todo esto son recomendaciones, porque no hay normas, cada persona puede adoptar aquellas normas y acciones que a lo largo de su entrenamiento hayan observado que les va bien. Por eso no hay dos entrenamientos iguales, cada uno es propio, individual y distinto al resto.

Con respecto a qué sucesión de ejercicios realizar de estos diez que propongo aquí, puedo decir que todo entrenamiento estoico debe partir de un cierto ritual. En los ejercicios espirituales, meditación y ejercicios estoicos es muy importante la preparación. Los estoicos eran grandes deportistas y por ello utilizaron del mundo del deporte ciertas cuestiones que aplicaron a su práctica estoica. Cuando vemos que un deportista va a competir, observamos que hace un precalentamiento previo, estiramientos musculares, respiraciones, comienza a concentrarse para ponerse en situación de competición, etc. En el gimnasio estoico es exactamente lo mismo: tenemos que calentar antes de hacer los ejercicios.

Este calentamiento consiste básicamente en acudir al lugar donde hacemos nuestros ejercicios estoicos con la clara conciencia de que vamos a dedicar unos minutos a nosotros mismos y a nuestros ejercicios.

Adoptamos la postura que hayamos decidido y prestamos atención a nuestra respiración. Si tuviéramos una foto o cuadro de nuestro maestro estoico, lo miramos y nos vinculamos a él a través de un linaje ininterrumpido, que nos lleva en una eterna cadena desde los maestros de la antigüedad hasta a él, y de él hasta nosotros. En ese momento nosotros formamos parte de la *cadena aurea* de los seres humanos que tenemos la responsabilidad de a través de nuestra práctica preservar este legado de la humanidad. Es como generar un compromiso, cerrar una alianza y, ante tu maestro y tu linaje, decir y asegurar: "Soy estoico del linaje del maestro X que se retrotrae a cientos de maestros anteriores y posteriores que han llegado a mí y tengo la responsabilidad dentro de esta cadena de preservar la sabiduría, el conocimiento y la tradición estoica, para que esta sea patrimonio de la humanidad y ayude al ser humano a ser más humano, más feliz y a tener un mundo mejor". Esta promesa y esta misión y objetivos es importantes recitarlos en voz alta, clara y tranquila, para hacernos conscientes de la responsabilidad que adquirimos con nuestra práctica. Esta práctica se pone de manifiesto en todas las tradiciones espirituales, en el cristianismo, el budismo, el islamismo, el judaísmo, etc.

Cerramos los ojos y durante unos minutos recorremos todo nuestro cuerpo de pies a cabeza o de cabeza a pies para lograr distender al máximo nuestra musculatura y conseguir un tono muscular relajado, que nunca, en ningún caso, puede llevarnos a la somnolencia (ver mi obra de esta colección sobre relajación dinámica). Si es el ejercicio de la mañana, comienza con el ejercicio de práctica de rutina matinal. Si fuera el ejercicio de la tarde/noche realiza el ejercicio de práctica de rutina nocturna.

Tras estos ejercicios, mi recomendación es utilizar cinco o diez minutos de trabajo con la *prosope,* seleccionar después un ejercicio de los mostrados aquí y desarrollarlo durante diez minutos. Siempre solo un ejercicio. El ejercicio que se seleccione para realizar es indistinto, pero es bueno rotarlos y realizar todos con cierta asiduidad. Cuando terminamos el que hayamos seleccionado, realizamos unos minutos de *prosope* y concluimos nuestro entrenamiento del día. Por supuesto, es muy importante que cada persona adapte su entrenamiento a su propia realidad y a la cotidianidad de su vida. Lo importante es hacerlo y la regularidad.

Estos ejercicios, como dijimos, son básicos, hay muchos más, pero quizás los descritos aquí son los fundamentales. No obstante, sí me gustaría añadir algunos principios básicos que animan nuestra actitud estoica y que forman parte activa e indisoluble de estos ejercicios.

- El estoico acepta y ama aquello que le ocurre, es lo que se denomina "arte de la aquiescencia". Las cosas se producen y lo que acontece es que tenía que acontecer, así que de nada sirve rebelarse, pelear y enfrentarse a la tozuda realidad.

- Hay que concentrarse al máximo en el proceso sin estar pendiente del resultado, pues este en definitiva no está bajo nuestro control. En todas nuestras acciones debemos dejar la posibilidad de que no acontezcan las cosas tal cual las hayamos planeado.

- Nuestra vida y el camino que andamos con sus obstáculos, inconvenientes y reveses se convierte en puro aprendizaje. Todos los obstáculos son oportunidades de aprendizaje y de mejora. Cuando aparezca un obstáculo, analicemos, reflexionemos y cambiemos nuestro punto de vista para verlo desde todas las ópticas, pues nuestra percepción influye en la visión del problema.

- Todo en la vida es un préstamo. No hay nada permanente, todo es un regalo de la existencia. El prestamista, la vida, en un momento dado que desconocemos, querrá recuperar lo prestado.

- Utilizar *aforismos* estoicos. Los aforismos son sentencias repletas de sabiduría directas y fáciles de memorizar. Por ello su recuerdo continuo nos ayuda como guías y recordatorio. En la antigüedad fue un estilo muy utilizado. Tanto Epicteto como Marco Aurelio lo utilizaron con profusión. Como bien refiere Pierre Hadot, *Meditaciones* fue un libro de aforismos que redactó el emperador no con la finalidad de publicarse como texto, sino que lo hizo para él mismo, para recordar aforismos y sentencias que le guiaran en su vida cotidiana. Recomiendo que cada lector configure su lista preferente de aforismos, que la redacte y trate de memorizarla. Repetirlos en un momento dado es un recurso que nos ayudará.

- Tenemos que ser la mejor versión de nosotros mismos y para ello debemos representar nuestro papel y nuestros roles con perfección y convicción. No deben preocuparnos los de los demás, sino cómo desempeñamos nuestras funciones, tratando de ser el mejor: el mejor en el trabajo, el mejor padre, el mejor esposo, el mejor compañero, etc.

- Para el estoico el tiempo es fundamental y hay que aprovecharlo al máximo, rentabilizarlo y no perderlo en nimiedades y cuestiones banales. Para ello hay que servir decir no a lo no esencial y priorizar nuestras necesidades. Esto no significa estar sin parar haciendo cosas; muy al contrario, quiere decir hacer aquellas que tengamos que hacer cuando las tengamos que hacer. Eliminar el ruido, lo que nos interfiere, es muy importante: programas televisivos irrelevantes, charlas superfluas que no nos interesan, reuniones vacías de contenido, etc. Hay que aprender a optimizar y concentrarnos en lo interesante e importante para nosotros.

- Hay que tener una continua actitud de estudiante eterno. Desde la humildad y el esfuerzo continuo, hay que estudiar, estudiar y estudiar. La eterna búsqueda de la sabiduría requiere entrenamiento y afán de conocimiento. Los budistas hablan de tener permanentemente mente de principiante. Cursos, lecturas, discusiones con maestros y profesores, todo se convierte en un aprendizaje continuo, con humildad, y la toma de consciencia de que solo conocemos una pequeña parte insignificante de todo el cuerpo de conocimiento.

- Hay que hacer lo que toca hacer en cada momento. Vivir la vida en el aquí y el ahora exige vivir ya, no demorar y posponer las cosas en aras de un futuro incierto. Esto exige determinación y voluntad, vencer la pereza, autodisciplina y determinación.

- Vigila tus juicios, pues son estos los que te perturban y te hacen daño. El daño no proviene de lo que acontezca, sino del juicio e interpretación que hacemos de lo que acontece. El recto juicio, la reflexión desapasionada y rigurosa son elementos fundamentales en el pensamiento estoico.

- El estoico no reprime las emociones, sino que las gestiona de una manera eficiente, sana y adecuada. Los estoicos sienten dolor, angustia, miedo, etc., pero no se dejan arrastrar por las emociones y tienen una observación adecuada de ellas. Para eso hay que generar cierta distancia emocional.

- Elige el coraje, la calma y la templanza a la ira, pues esta es una emoción negativa que nos hace perder el control. Esta no solo produce daño a otros, sino que nos daña a nosotros mismos. La ira es estéril, no sirve para nada. Séneca y Marco Aurelio abordaron la ira de manera concienzuda, especialmente el segundo, que era muy propenso a tener cuadros de ira e irritabilidad explosivos. Cada persona debe conocerse a sí misma y de reconocer e identificar cuáles son los signos que delatan que está comenzando a enfadarse. El hecho de tener conocimiento de los signos que anticipan un arranque de cólera es fundamental, pues nos permite distanciarnos y hacer lo necesario para bloquearla y taponarla. En mi caso concreto, los signos que anticipan la ira es un aumento de la frecuencia cardiaca, ligera sudoración de manos y boca seca. Yo me hago consciente de estas señales de mi cuerpo y me digo:

"Cuidado, que como no hagas algo vas a explotar". Entonces utilizo herramientas y trucos muy sencillos, como hablar lento y pausado, relajar el rostro, ralentizar mis movimientos y observar mi respiración agitada. Este mínimo control es más que suficiente.

- El miedo es una de las emociones más invalidantes y perjudiciales que existen. La mayor parte de las veces es infundado e irreal, y se sustenta solo en las creencias y la proyección de futuro que hacemos de las situaciones. Muchas veces lo que tememos no se produce nunca, pues hemos imaginado y proyectado una situación. El miedo también se produce por una falta de control, pues aquello imprevisible que no sabemos cuándo ni de qué manera nos va a acontecer nos provoca angustia, y de aquí al miedo solo hay un paso. El miedo, junto a la ira, es quizás una de las emociones sobre las que más hay que trabajar. Estoicos y filosofías de todo el mundo, especialmente el budismo, han ideado múltiples herramientas para gestionarlo de manera adecuada. Desde el punto de vista estoico, debemos ejercitar la razón y la imaginación por igual para contrarrestar el temor. La razón desde el punto de vista de la reflexión rigurosa de aquello que nos produce miedo. Debemos interrogarnos e incluso poner por escrito aquello que nos produce miedo, tratando de analizar los porqués y los cómos de un hecho o situación que nos produce temor. Cuando separamos los elementos del miedo y conseguimos *diseccionar* las situaciones, entonces veremos que no era para tanto y que gran parte del miedo proviene de nuestra forma de pensar, reaccionar y de nuestras creencias. Por otro lado, la imaginación es muy importante para poder trabajar el miedo. A través de la visualización activa, debemos ponernos en contacto con nuestro miedo, visualizarlo, sentirlo, conocerlo y tratar de vivir las situaciones temerosas. Como hemos visto en otros lugares de esta obra, si vemos que estas situaciones nos desencadenan excesiva angustia y ansiedad, siempre estaremos a tiempo de abandonar estas imágenes y contraponerlas con otras previamente elegidas y que nos produzcan situaciones de paz y relajación. Cuando hayamos conseguido relajarnos, nos enfrentamos nuevamente a nuestros miedos, y así una y otra vez, hasta conseguir vivir las situaciones sin temor. Esta práctica de *desensibilización sistémica* (que es como se la denomina en la psicología moderna) ha demostrado ser muy eficaz.

- El estoico aprende a no vivir de las expectativas y solo piensa que hay que empezar por vivir el momento, centrarse en el proceso, en lo que uno pueda controlar, y dejar el resto al destino. Nunca nos plantearemos una expectativa alta y definida, hay que dejar abierta la vida, nunca proyectar en los demás las consecuencias de las acciones, la responsabilidad siempre es tuya, y ver el mundo tal cual es y no según la expectativa que tengamos de las cosas.

- El dolor y la adversidad se convierten en grandes oportunidades para entrenarse, ponerse a prueba y ofrecer la mejor versión de uno mismo. Donde otras personas ven mal y dolor, nosotros tenemos que ver oportunidades de desarrollo. Por ello se hace fundamental practicar la paciencia y la resiliencia. Cada adversidad, cada pequeño problema es una oportunidad de entrenar las virtudes estoicas. La vida es un reto, como decía Séneca: "Eres desafortunado porque nunca has vivido la desgracia, has pasado por la vida sin oponente y nadie sabe lo que serás capaz de dar, ni tú mismo".

- Hemos repetido que la esencia del estoicismo es la atención plena, la toma de consciencia en el aquí y en el ahora, ese es nuestro entrenamiento básico.

- Hay que saber reconocer las múltiples bendiciones que te ofrece la vida y agradecer profundamente todo aquello que te trae. Hay múltiples cuestiones que nos pasan desapercibidas y de cuya magnitud e importancia debemos tomar conciencia: vivimos, respiramos, nuestra salud es aceptable, una maravillosa puesta de sol, un pan tierno y sabroso, la caricia de un niño, la profundidad de una mirada… Toda la existencia está preñada de pequeños y maravillosos milagros. Sé consciente de ellos y dales el valor que tienen.

- Los estoicos ponen en práctica con mucha frecuencia una práctica denominada *alterizar,* que consiste en imaginar que la adversidad o el problema que nos ha acontecido le pasa a otra persona conocida. Comprobaremos que cuando alterizamos nuestro problema, pierde potencia, se relativiza y no nos parece tan importante como cuando nos acontece a nosotros.

Tendemos a incrementar y magnificar nuestros problemas, pero, cuando les pasan a otros, no son tan importantes.

- Debemos ser conscientes de que en la existencia todo se repite, todo es impermanente y sufre un continuo ciclo: todos nacemos, todos sentimos, vivimos nuestras vidas en este pequeñito planeta de esta pequeña galaxia, y todos morimos. Hay que contextualizar de manera adecuada la dimensión de nuestro marco existencial, eso nos ayudara a ser humildes y a relativizar nuestros éxitos y fracasos.

- Los hechos hay que observarlos con objetividad, sin juzgar ni ponerles tinte emocional y dramático. Debemos entrenarnos en la observación y el análisis de todo lo que nos ocurre, de todo lo que nos rodea, y describir solo lo que observamos. Es muy útil diseccionar los hechos, es decir, separar los acontecimientos en sus distintos elementos, y analizarlos de manera individual y descontextualizada, para luego integrarlos en un todo una vez hayamos valorado su naturaleza.

- Debemos huir siempre de la precipitación en nuestros juicios. Somos acción y reacción, y desencadenamos los mecanismos inconscientes, que son los que marcan nuestros juicios y valoraciones. Esto es una mala práctica. La primera impresión, aunque en muchas ocasiones se sustenta en la intuición, hay que ponerla siempre en cuarentena. Debemos reflexionar y analizar.

- Los estoicos afirmaban que somos seres sociales, por lo que debemos contribuir, dentro de nuestras posibilidades, a ayudar a los demás y a nuestra comunidad. Siempre hay que hacer el bien sin pretender conseguir nada a cambio. Debemos ser críticos con nosotros mismos sin castigarnos en exceso y, por lo tanto, preguntarnos si somos buenas personas y si nuestras acciones se mueven por principios de bondad, compasión y altruismo. Marco Aurelio en sus *Meditaciones,* así como el resto de los maestros estoicos, establecía que debemos tratar a nuestros semejantes como si fueran de nuestra familia. La hermandad humana es un elemento esencial de convivencia y ética.

- No debemos ser jueces de los actos de los demás. Tendemos continuamente a la crítica y al ataque individual, personal o social, hacia todos aquellos que pensamos que van contra nosotros porque les alberga alguna intención de hacernos daño. Todos nos equivocamos, nosotros nos equivocamos y la mayor parte de las veces las acciones de los demás están presididas por sus intereses irreflexivos y la ignorancia. Aquí el estoicismo, al igual que el budismo, pone el énfasis en esta ignorancia como propulsora y origen del mal. El que realiza un mal acto es porque es ignorante y no es consciente de la dimensión y calado de sus acciones. Por ello el estoico propone perdonar y amar a los que se equivocan y comparecerse de ellos, en vez de culparles. La bondad es junto al amor la fuerza más poderosa del universo y, por ello, el estoico se entrena en la bondad y en la amabilidad.

- Con respecto a los demás, no debes tomarte muy en serio su opinión. Si alguien te insulta o te agravia, no le des pábulo y credibilidad. ¿Es acaso cierto lo que dice sobre ti? Es preferible utilizar el sarcasmo, gastar una broma y reírte tú mismo de esa opinión. Los estoicos eran muy sarcásticos, es como una forma de utilizar y manejar las opiniones ofensivas de los demás hacia ellos.

- Es importante no abandonar ni a los demás ni a uno mismo. El cambio personal es progresivo, nunca es brusco. Uno debe planificar y trazar un camino que va a transitar y debe tratar de no desviarse del mismo, pero también ha de tener la flexibilidad para que ese camino pueda adaptarse a las circunstancias y los acontecimientos que se sucedan.

- La empatía es uno de los valores estoicos más preciados. Antes de cualquier análisis y de cualquier juicio, hagamos el esfuerzo de ponernos en la situación del otro. Cuando la empatía forma parte de nuestros valores, emerge la compasión. Por ello empatía y compasión son dos valores fundamentales del estoico, como también lo son en el budismo y el cristianismo.

- Tendemos a juzgar mucho y a llenarnos de prejuicios, pero realmente nos dedicamos a mejorar de una manera continua nosotros mismos y por ello a los únicos que debemos juzgarnos es a nosotros mismos. El estoico está en un permanente juicio sobre sí mismo, con objetividad y rigor, pero nunca de una manera agresiva. Debemos ejercer la autocompasión y ser benevolentes.

- Al estoico solo le inspira hacer el bien y rehuir del mal. Tratar de hacer en cada momento el bien, el pensamiento, la emoción y la acción adecuada inspirada por la ética y la moral de hacer lo correcto, eso nos acerca hacia el bien. Tampoco el estoico puede volver la cara y cerrar los ojos ante las injusticias y el mal a su alrededor; hay un deber moral para con los demás y, allá donde haya oscuridad debemos poner luz, allá donde haya mal debemos poner el bien.

- Uno de los principios más importante del estoicismo es la prudencia y la humildad. El estoico nunca alardea de sí mismo, nunca habla de sí mismo, calla más que habla, no critica, no cotillea ni hace juicios de los demás. Los estoicos sabían que el silencio es una de las cualidades más preciadas del sabio. Marco Aurelio afirmaba que la naturaleza nos ha dado dos oídos y una boca por alguna razón, hay que escuchar más que hablar. La escucha debe ser empática, es decir, activa, para comprender lo que nos cuentan desde un punto de centramiento total. El ejercicio de la atención plena nos lleva inevitablemente a una escucha activa.

- El estoico no es un teórico, es una persona práctica y predica con el ejemplo. Todo lo que aquí relatamos lo pone en práctica en su vida cotidiana. Ser coherente en la vida y comportarse como pensamos y sentimos es vivir acorde a nuestra naturaleza, con nuestro *daimon,* es decir *eudamonia*. En la psicología actual esta actitud se denomina "consonancia cognitiva".

Biografías de estoicos

"No hay nadie menos afortunado que el hombre a quien la adversidad olvida, pues no tiene oportunidad de ponerse a prueba".

Séneca

La corriente del pensamiento estoico ha recorrido la historia de la humanidad y aún hoy día sigue vigente. Sus grandes valores y virtudes subyacen a lo largo de los siglos, reactualizándose con los tiempos que le tocan vivir y adaptándose a cada época, a cada forma de pensar, a cada salto cualitativo que da la conciencia humana. Vendrán épocas en las que la forma de vida estoica se sumerja y desaparezca aparentemente de la faz de la tierra, pero seguirá de manera larvada esperando un mejor momento para su eclosión, algo similar a lo acontecido hoy en día. Como hemos visto, en los últimos diez años la vida estoica ha vuelto con fuerza, con nuevos autores, nuevas relecturas e interpretaciones, pero siempre está presente como una herramienta útil para las personas que quieren mejorar y ayudar a otros en su camino.

A lo largo de la historia millones de personas, hombres y mujeres, han practicado y practicamos el estoicismo como lo debemos hacer: de una manera callada, prudente y perseverante. Me gustaría trazar unas pequeñas semblanzas biográficas de los grandes maestros estoicos que han existido a lo largo de la historia, con la única finalidad de que nos sirvan de faros y guías en nuestro camino estoico, además de que nos permitirá ver cómo la cadena estoica se hunde en las profundidades de la historia, pero sigue vigente hoy en día.

ZENÓN DE CITIO
(336 a. C.- 264 a. C.)

Apodado el Estoico, se le considera oficialmente el fundador de la escuela estoica. Nació en Chipre, entonces una colonia griega, y como buen fenicio, se dedicaba, como toda su familia, al comercio. Cuando llevaba algo más de treinta años llevando su barco repleto de tintes para las togas naufragó cerca de las costas de Atenas y perdió toda su mercancía, pero pudo llegar a nado a la ciudad. Se dirigió al mercado cercano al puerto del Pireo. Cuenta la historia que allí, tras secarse y reponer fuerzas, comenzó a leer algunos libros de filosofía para distraerse. Quedó tan cautivado que le preguntó a un mercader dónde se encontraban en Atenas hombres de aquella altura moral y conocimiento. El comerciante le contestó: "¿Ves a ese hombre? Pues él es de este tipo de hombres. Síguelo". Zenón así lo hizo, y se convirtió en discípulo del filósofo cínico Crates de Tebas. Corría el año 300 a. C. Este es el momento fundamental de conexión entre la filosofía cínica que representaba Crates y el inicio del estoicismo, que representa Zenón. Como vimos anteriormente, Zenón suavizó las posturas radicales de los cínicos y fue perfilando la doctrina del pensamiento estoico, utilizando como base el cinismo pero enriqueciéndolo con el pensamiento de Sócrates, Platón, Heráclito e incluso algo de Aristóteles, puro eclecticismo. Desde el inicio de la estructuración de su pensamiento, caló hondo en el mundo helénico y comenzó a tener muchos seguidores, que él reunía en la calle, en el pórtico pintado de Atenas, la *Stoa Poikile*. De aquí se deriva el nombre de estoico. También desde el inicio existió una importante lucha de ideas entre Zenón y el epicureísmo, como corriente de pensamiento emergente por entonces. Sus discípulos más destacados fueron Cleantes y Crisipo, que le acompañaron toda la vida.

Pese a que recomendaba que sus alumnos se dedicaran a la política como forma de participar activamente en la comunidad, él por su condición de extranjero nunca lo pudo hacer. Recibía como discípulos y alumnos a todo tipo de personas, independientemente de su condición social. No se le conoció que formara familia y tampoco ninguna relación, con lo cual se cree que era solitario y alejado del amor a cualquier mujer u hombre. Se le describe como delgado, enjuto y muy moreno. Era de carácter tranquilo y apacible, nunca se enfurecía. Pese a sus hábitos frugales, se sabía que le encantaban los higos. Sus textos nos han llegado hasta hoy en fragmentos escasos, y son más las referencias de otros autores. Se cree que, cuando contaba unos setenta y dos años, puso fin a su vida como forma de regir su destino, tras haber llegado a la conclusión de la inutilidad de su existencia a partir de entonces. Existe también la hipótesis de que murió a causa de un accidente. Como hemos dicho, su pensamiento base es cínico y procede de su maestro Crates, pero aseguran testimonios de la época que él era incapaz, por vergüenza, de llevar tan al extremo la vida y la conducta cínica, de ahí que buscara una vía media. Dividió su pensamiento en física, lógica y ética. La física de Zenón se basa en el pensamiento de Heráclito y de Platón. Para él, todo lo rige un principio rector, el *logos* en forma de fuego. La lógica de Zenón admite que todo el conocimiento procede de los sentidos. Su ética, que es racionalista, trataba de dotar a las personas de herramientas y recursos para enfrentarse a sus conflictos y problemas. El desarrollo de las virtudes estoicas y de la resiliencia eran sus principios básicos. Para él la virtud es el bien supremo, y esto significa vivir conforme a la naturaleza. Para Zenón no hay azar, todo es *causalidad*.

La ética de Zenón impregnó de manera clara su pensamiento y esto hizo que perdurara a lo largo de muchos siglos. Como dijimos, no han llegado muchas de sus obras, y lo poco de que disponemos es muy fragmentario. Sí sabemos, que su libro *La Republica* es obra de juventud, cuando aún era alumno de Crates. La escribió como contestación a la obra de mismo nombre de Platón y tuvo tanto éxito como la obra de este. En esta obra elabora su concepción del hermanamiento de los hombres, la igualdad y la ética universal.

CLEANTES
(300 a. C.-232 a. C.)

Nació en Aso, en la actual Turquía, cerca de la isla de Lesbos. Era de origen humilde y, debido a su fortaleza física, vivió la mayor parte de su vida de trabajos físicos: púgil de boxeo, porteador, acarreador de piedras, etc. Podemos saber que ingresó como discípulo de Zenón con la avanzada edad de cincuenta años, pero desconocemos qué le llevo a él. Fue su sucesor natural y falleció a la avanzada edad de noventa y nueve años (se cree que, como Zenón, dejándose morir de hambre). Dividió el estudio de su pensamiento en física, ética, retórica, política y dialéctica. Solo nos ha llegado una obra suya, un himno a Zeus. En su pensamiento, Cleantes pone el foco en la naturaleza, la cual identifica con la divinidad.

CRISIPO DE SOLOS
(281 a. C.-208 a. C.)

Probablemente tenemos una gran deuda con Crisipo, pues se cree que fue quien sistematizó el pensamiento del estoicismo y logró que se trasmitiera a épocas posteriores. También se cree que fue el fundador de la gramática. Nació en la actual Turquía. Era de baja estatura y fue un consumado atleta y corredor. Cuando su padre se arruinó, se marchó con la familia a Atenas en busca de una nueva vida. Enseguida entró como alumno de Cleantes y le sucedió en la escuela estoica. Se sabe que era de muy audaz intelecto. Cuenta la tradición que murió a los setenta y dos años de un ataque de risa al ver cómo un burro comía unos higos y bebía vino. Puro anecdotario. De su obra solo nos han llegado fragmentos y referencias de otros autores, especialmente de Séneca y Cicerón, pese a que era un ávido escritor (se cree que escribió más de setecientos libros).

CICERÓN
(106 a. C.- 43 a. C.)

Es considerado uno de los grandes escritores de la época clásica, excelente orador y propulsor de la retórica. Fue político y filósofo, y centró su interés y su vida en el estoicismo. Fue un apasionado de la época helénica e introductor en la vida de la República romana de esta cultura. Sus cartas a Ático han pasado a la historia de la literatura epistolar por su estilo y por su contenido. Aunque Cicerón vivió de una manera estoica, fue un gran ecléctico y recogió enseñanzas de otras escuelas de pensamiento como el platonismo o el epicureísmo. Fue un gran defensor de la Republica y se enfrentó a las dictaduras de Julio César y de Marco Antonio, lo cual le llevó a su asesinato y decapitación cuando trataba de huir de Italia. Su obra fue redescubierta por Petrarca, lo cual supuso el inicio del Renacimiento. Tuvo gran influencia en autores posteriores como John Locke y David Hume. Cicerón fue muy precoz, sus primeras poesías datan de cuando tenía catorce años. Estudio derecho y lo ejerció de una manera firme y decidida, lo cual le granjeó amistades y mucho odio entre algunos dirigentes, como el dictador Sila. Por ello decidió retirarse durante un tiempo y viajar a Grecia para estudiar filosofía de la mano de Filón de Larisa y Antíoco de Ascalón. Uno de los maestros que más le marcó fue Posidonio de Apamea. En Atenas fue iniciado en los misterios de Eulesis, lo cual marcó su pensamiento y sus creencias. De vuelta a Roma y con la ayuda de su hermano Quinto, llegó a cónsul con tan solo treinta años y se enfrentó contra el que sería y pasó a la historia como su adversario, Catilina. Su vida política, llena de intrigas de Estado y de los resortes ocultos del poder, es digna de una novela negra de espionaje y corrupción. En su obra *De finibus* hace una interesante e importante disertación sobre la búsqueda de la felicidad analizando todas las doctrinas filosóficas de la época. Los textos dirigidos a Ático sobre la vejez y sobre la amistad son clásicos, de obligada lectura. En su obra *De officilis* escribe a su hijo sobre el ejercicio de la ciudadanía y la opresión de los dictadores. Escribió sobre derecho, oratoria, cosmología, ética, metafísica y otros campos del conocimiento humanístico, todo ello con un latín exquisito, refinado y de léxico innovador y bello. Sus discursos políticos y de retórica siguen siendo estudiados en las universidades de todo el mundo.

POSIDONIO DE APAMEA
(135 a. C.- 51 a. C.)

Recibió el sobrenombre de "el Atleta". Nació en el norte de Siria, aunque estudió en Atenas y vivió gran parte de su vida en Rodas. Se dedicó, por igual, al mundo de la filosofía y de la ciencia, pues fue un excelente astrónomo, geógrafo e historiador. Se dedicó también a la política y ostentó los mayores cargos de Rodas y fue embajador en Roma. Posidonio fue un gran viajero y explorador, realizó grandes descubrimientos e investigación científica. Desde Cádiz, donde estudió las mareas, hasta las Galias, donde estudió el mundo celta, pasando por Egipto y otros territorios del norte de África, hizo importantes contribuciones al mundo de la ciencia y la geografía. Estableció en Rodas su escuela, que se hizo famosa en el mundo grecolatino. Su nieto fue el continuador de esta. Grandes personajes como Cicerón o Pompeyo le visitaban en Rodas en busca de consejo. Su obra nos ha llegado muy fragmentada, pero conocemos sus grandes campos de interés, como fue la física, la geografía, la sismología, la astrología, la astronomía, la botánica, la antropología, las matemáticas, etc. Pero la materia dominante para él era la filosofía. Fue el estoico más reputado de la época, aunque fue también gran seguidor de Platón y de Aristóteles. Compartía la visión estoica de la división en física, lógica y ética, y afirmaba que la física era la carne del cuerpo, la lógica, los huesos, y la ética, el alma. Promulgó la teoría de la *simpatía* universal. Entendía que existía una interrelación entre todas las cosas materiales y espirituales en el cosmos, como si una gran fuerza invisible y universal uniera todo.

EPICTETO
(55 d. C.-135 d. C.)

Uno de los estoicos más importantes y uno de los filósofos de mayor impacto en el mundo de la filosofía universal. Nació en el actual Pamukkale, en Turquía. Llegó de niño a Roma como esclavo, aunque desconocemos las circunstancias concretas. Sirvió en casa del secretario de Nerón, Epafrodito, que le mandó estudiar filosofía con Musonio

Rufo, que sería su maestro en estoicismo. La mayor parte de su vida vivió como esclavo, hasta que se le concedió la libertad. Esta situación, junto con la expulsión de los filósofos por parte de Domiciano, le llevó a establecerse en el norte de Grecia, en Nicópolis, y levantar su escuela en ese lugar. Siguió como modelo a Sócrates y por ello decidió no escribir nada, su enseñanza fue oral. Fue su alumno el patricio romano Flavio Arrio, quien legó a la posteridad toda la sabiduría y enseñanza de Epicteto. De la mano de Arriano nos han llegado los textos fundamentales de su filosofía, el *Enquiridión* y *Disertaciones de Arriano*. Propuso como modelos en vida a Sócrates y a Diógenes. Aunque abordó las tres partes de la filosofía estoica, dedicó mucho tiempo a la ética. Su modelo de sabio era el que vivía y predicaba la vida contemplativa centrada en la *eudamonia,* que hemos visto anteriormente como pilar fundamental, a la cual se llega por la virtud y la razón. El autoconocimiento, como buen socrático, era una importante vía de conocimiento, que debe de estar sustentada en la *ataraxia,* la imperturbabilidad, y la *apatía,* el desapasionamiento. Para Epicteto, todos los seres participan de Dios. Algunos detalles de su vida, aunque rayan la fantasía y la imaginación, se sustentan en escritos de algunos historiadores de la antigüedad. Se sabía que era cojo, quizás por el maltrato al que se vio sometido siendo esclavo. Cuando se instaló en Nicópolis vivió en práctica soledad, solo interrumpida por las disertaciones con sus alumnos. Su palabra era vigorosa, directa, y su enseñanza, clara y dirigida al interior del alumno. No se le conoce ninguna mujer ni relación. Se cree que adoptó a un niño pequeño que cuidó, crio y educó.

La influencia de Epicteto en el estoicismo y la filosofía posterior ha sido inmensa. Sus mayores influencias en la época fueron el emperador Marco Aurelio, que basa todo su pensamiento en Epicteto, y Orígenes. Probablemente si seguimos el ideal de sabio de la antigüedad clásica, Sócrates y Epicteto representen de una manera fiel lo que pretendemos definir con estas palabras, dos personas que poseen un conocimiento emanado de la experiencia, el autoconocimiento y el arte de vivir.

SÉNECA
(4 a. C. - 65 d. C.)

Nacido en Córdoba de familia noble, acudió cuando era joven a recibir instrucción y educación a Roma. Durante esta época fue introducido en la filosofía estoica y la retórica por el filósofo Atalo. En su educación se interesó mucho por las ciencias naturales, destacando en geología, oceanografía y meteorología. En una estancia que tuvo con su familia en Egipto se sabe que se interesó por el misticismo pitagórico y los cultos de Isis y Serapis. Séneca fue una persona enfermiza y padecía asma. Sobre el año 31 volvió a Roma, donde, debido a sus dotes de orador y escritor brillante, fue nombrado *cuestor,* que es un magistrado de menor rango. En aquella época gobernaba el emperador Tiberio. Para cuando le sucedió Calígula, Séneca, con gran inteligencia y brillantez, se convirtió en un elocuente orador, capaz de despertar las envidias del propio emperador que había ordenado su ejecución. Se salvó porque alguien convenció a Calígula de que Séneca estaba muy enfermo de asma y tuberculosis. Este incidente hizo que Séneca se retirara de la vida pública, hasta que murió Calígula y accedió al poder Claudio, con la fuerte oposición del mismo Séneca. Esta situación provocó el destierro de Séneca a Córcega, acusado de adulterio con una hermana de Calígula. En Córcega estuvo exiliado ocho años y allí escribió intensamente muchos textos, como la famosa *Consolación a Helvia*. Después de la muerte de Mesalina, la mujer de Claudio, que se cree que fue quien conspiró para exiliarle, Claudio se casó con Agripina y, merced a su influencia con el emperador, se le restituyó como *pretor* de la ciudad y volvió a Roma. Sobre el año 51, y gracias nuevamente a la influencia de Agripina, fue nombrado tutor de Nerón, que era hijo de Agripina, de un matrimonio anterior. En el año 54 Claudio muere, presumiblemente envenenado por Agripina, y Nerón, con diecisiete años, accede al poder y nombra a Séneca cónsul, consejero político y ministro. Aquí Séneca ya se encontraba en los más alto de las esferas de influencia de Roma.

Durante ocho años el gobierno de Nerón se estabilizó y se consolidó bajo la influencia de Séneca, que desde atrás, en la oscuridad, ejercía la influencia sobre su pupilo, que le admiraba. Durante esta época se realizaron cambios legislativos y reformas fiscales de gran calado, como la reducción de los impuestos indirectos, lanzamiento de campañas militares para fortalecer las fronteras orientales del imperio o expediciones para buscar las fuentes del Nilo, con el apoyo de Séneca. Posteriormente y poco a poco, Séneca comenzó a perder capacidad de influencia con Nerón y comenzó a ser acusado por gente de la corte cercana al emperador de todo tipo de extravagancias, delitos y corrupciones. Probablemente lo único cierto de todo ello, y que llevó a Nerón a la cólera contra Séneca, fue la gran riqueza que Séneca había acumulado con sus negocios.

En el año 59 Agripina es asesinada por el propio Nerón y esto debilita aún más la figura de Séneca. Dada su situación delicada con Nerón y evitando males mayores, Séneca le solicita a Nerón retirarse de la vida pública y le entrega toda su fortuna. Junto con su esposa comienza a viajar por el sur de Italia y escribe su famosa *Cartas a Lucilo,* que siglos después será decisiva para Michel de Montaigne y sus *Ensayos,* que podríamos considerar su testamento filosófico. Aunque evitó un intento de suicidio gracias a su frugal dieta en el año 65, se le acusó de conspirar para matar a Nerón, con lo cual el emperador le condenó a muerte. Cuando Séneca recibió la condena a muerte, ponderó de manera tranquila y estoica la situación, y solicitó permiso para hacer testamento. Se le denegó este favor, y todos los bienes del condenado pasaron al patrimonio imperial. Séneca decidió suicidarse: se abrió las venas de muñecas y piernas. Pero la muerte no le llegó y por ello mandó llamar a su médico para que le suministrara veneno, cicuta, el veneno que había bebido su querido Sócrates. Viendo que no moría, pidió ser llevado a un vaporoso baño caliente para que el asma terminara de asfixiarle. Así fue como murió. Consecuencia de su muerte, su esposa, sus hermanos y su famoso sobrino, el poeta Lucano, también se suicidaron. El filósofo pidió en vida que fuese incinerado sin ceremonia.

Séneca, además de un político brillante y un escritor excepcional, fue un filósofo estoico de gran prestigio en su época y para la posteridad. Han llegado hasta nosotros la mayoría de sus obras. Su influencia estoica procedía de Zenón, Clenates, Crisipo y Posidonio. Para Séneca, que se focaliza fundamentalmente en la ética, la filosofía es actuar y la razón debe paliar las pasiones, sobre todo la ira y el dolor. La muerte debe anticiparse, como buen estoico, y sobre todo afrontarse como él lo hizo, con serenidad y templanza.

Junto a Cicerón, es uno de los pensadores que más influyeron en la posteridad, y su eco llega hasta nuestros días. Su influencia en el cristianismo fue decisiva: autores como San Agustín, Tertuliano o San Jerónimo llegaron incluso a considerarlo santo. Existe una leyenda que afirma que Séneca se convirtió al cristianismo al conocer a san Pablo. Es cierto que san Pablo nombra en sus cartas a un hermano de Séneca que participó en su juicio, pero no lo hace directamente de Séneca. En cualquier caso, aparecieron abundantes cartas, presumiblemente falsas, entre san Pablo y Séneca.

Su pensamiento sobre la igualdad de los hombres, la vida sencilla y sobria, y la importancia del hombre como centro del cosmos, influyen de manera muy determinante en el Renacimiento, especialmente en Erasmo de Róterdam, Tomas Moro, Calvino y Juan Luis Vives. Pero a quien más influyó, como hemos dicho anteriormente, es a Montaigne, que se sumerge en el pensamiento de Séneca. Sus escritos están inspirados por la vida y la obra del cordobés. Séneca escribió también muchos dramas teatrales, entre los que destacan *Medea, Fedro, Las troyanas* o *Edipo,* que han pasado a la historia como obras de gran calidad dramática.

MARCO AURELIO
(121 d. C. - 180 d. C.)

Emperador de Roma desde el año 161, cuando sucedió a su padre adoptivo, Antonino Pío, que a su vez sucedió a Adriano. Se le llamo "el emperador filósofo", aunque su gobierno estuvo presidido por los conflictos y revueltas en Asia y en el Danubio, provocados por las tribus bárbaras. Le sucedió su hijo Cómodo. La única obra suya que ha llegado a nosotros es *Meditaciones,* libro cumbre de la filosofía y del pensamiento estoico. Marco Aurelio lo escribe durante las campañas militares, no con el afán de publicarlo como libro, sino, como dice Pierre Hadot, a modo de cuaderno de ejercicios espirituales, para recordar y para entrenar las virtudes estoicas.

Marco Aurelio ascendió al trono a los cuarenta años y la influencia en su juventud de sus tutores, el retórico Frontón y el filósofo Junio Rustico, le llevó al estudio de la filosofía, especialmente del estoicismo, y muy en particular a la figura que más influyó en él, Epicteto. Cuando asciende a emperador exige que ascienda como corregente Lucio Vero, pues era consciente de la autoridad militar de este para sofocar las acometidas de los partos en Asia y de las tribus bárbaras. Así se hizo, y el binomio de poder funcionó hasta la muerte de Lucio, que dejó solo a Marco

Aurelio, el cual tuvo que personarse directamente en el frente del Danubio. Durante su mandato, Marco Aurelio realizó importantes reformas políticas, sociales y fiscales, tales como limitar los abusos de la Administración y suavizar el trato a los esclavos. Durante la campaña de Asia, como sofocador de las acometidas de los partos, Lucio Vero obtuvo un gran éxito, pero a su regreso a Roma, importó la llamada "peste antonina", una especie de viruela que segó la vida de miles de habitantes, entre ellas la del propio Lucio Vero. Marco Aurelio tuvo que liderar en solitario al ejército frente a las tribus bárbaras que se introdujeron en la Galia y en Italia a través del Danubio. Durante esas campañas, en el año 180, la muerte le sorprendió en la actual Viena debido a una infección, posiblemente de viruela.

Con Cómodo y su gobierno paranoide y delirante terminó la llamada *Pax Romana,* que habían instaurado los Antoninos desde Trajano. Se especula con la posibilidad de que Marco Aurelio, conocedor del carácter neurótico y voluble de su hijo Cómodo, hubiese pensado en dejar el poder a su hombre de confianza, Claudio Pompeyano. Tiberio Claudio Pompeyano, sirio y humilde de nacimiento, hizo su carrera militar a las órdenes de Antonino en Tarragona y fue ascendiendo por méritos militares, gracias a su lealtad y pericia militar. Se casó con Lucila, la hija de Marco Aurelio. Aunque no es motivo de este texto, debemos decir que en la historia personal de Pompeyano se le ofreció ser emperador en tres ocasiones, la última a la muerte de Cómodo, pero rechazó ese honor y se apartó de la política para cuidar sus tierras y campos. Este personaje inspiró la figura de *Gladiator,* film de Ridley Scott. Marco Aurelio estuvo casado con Faustina durante treinta años y llegaron a tener trece hijos, aunque sobrevivieron muy pocos a su padre.

Como hemos dicho *Meditaciones* es un libro de gran actualidad, que ha llegado hasta nuestros días por una copia que se tradujo y se editó en el año 1558. Escrito en griego, el lenguaje de la filosofía, con una prosa clara, trasparente y directa, nos acerca de una manera personal al emperador. Es un diario íntimo de los ejercicios de Marco Aurelio, sus anotaciones y sus propuestas de aplicación práctica de la filosofía de Epicteto, su gran maestro. Ese amor por Epicteto procede de su mentor, Junio Rústico, el cual se cree que fue alumno directo de Epicteto y que bebió directamente de su filosofía. Es por ello que fue posible que accediera a sus textos, hoy en día desaparecidos.

JUSTO LIPSIO
(1547-1606)

Lipsio fue un filólogo y humanista flamenco, quizás uno de los más importantes eruditos de su época, el siglo XVI. Enseñó en varias universidades latín, clasicismo e historia, entre ellas Leiden y Lovaina. Fue muy criticado porque, en una época turbulenta de guerra de religiones y de tensión política, fluctuó en sus querencias políticas y religiosas, pasando del protestantismo al catolicismo y obedeciendo fielmente a la Casa de Austria. Fue designado también secretario personal del cardenal Granuela en Roma y Felipe II lo nombró historiógrafo del reino.

Lipsio fue un gran estoico, especialmente influenciado por la obra de Séneca. Él mismo escribió en 1605 una obra llamada así, *Séneca,* y trató de conciliar el estoicismo con el cristianismo, lo cual le convierte en el inaugurador de toda una corriente de pensamiento denominada neoestoicismo, o quizá podríamos decir que es un estoicismo visto con ojos cristianos. Aunque se centró en la ética y la moral estoicas, también profundizó en la física y la cosmología estoicas. Fue un prolijo escritor y sus obras más reconocidas son *Tácito y De constantia.* Merece la pena conocer la obra de Lipsio por la profundidad de su pensamiento y por el auge e impulso que dio al estoicismo en un periodo de la historia en el que prácticamente había desaparecido.

R. W. EMERSON
(1803 - 1882)

Escritor, filósofo y poeta americano que lidera el movimiento *trascendentalista,* que reconoce al Dios interior y el pensamiento intuitivo. Para los trascendentalistas hay una unidad entre Dios y el mundo, y cada alma humana es idéntica al alma del mundo. Estudiando en el colegio de Harvard y en la universidad comenzó a redactar su famoso *Diario,* que sería materia y sustrato de gran parte de sus sermones y obras posteriores. En 1829 se ordenó sacerdote y capellán en Massachusetts, aunque, después de tres años y tras profundos desacuerdos, abandonó la Iglesia. Alejado de la religión, se puso a estudiar poesía y literatura. Viajó por Italia, Francia y Suiza. En Inglaterra entabló relación y amistad con Wordsworth, Coleridge y otros poetas románticos, que ejercieron una gran influencia sobre él. Cuando regresó a América se mudó a Concord y comenzó su frenética carrera de conferenciante por todo el territorio americano. Emerson funda el "Club trascendental" como germen del pensamiento que lideraría. Su primer libro publicado, que sería considerado el origen de su pensamiento, fue en 1836, *Nature.* Su encuentro con Thoreau fue decisivo para ambos y sus diarios les hicieron famosos para la posteridad. De la misma manera conoció e influyó de manera decisiva sobre el poeta Walt Whitman. En 1841 publicó su segundo libro, *Ensayos,* en el que se hace famoso su escrito *Autocontrol.* Tras la pérdida de su hijo escribió *Experiencia.* Influido por el movimiento romántico y por el hinduismo, creía profundamente en la conciencia individual. Leyó de manera profunda los textos hindúes y muy especialmente los Vedas. Fue un apasionado de la doctrina advaita de la no-dualidad. Editó la revista *Dial* para difundir el movimiento trascendentalista y su libro *El sentido de la vida* le convirtió en un famoso y aclamado autor. Emerson construye una filosofía liberal, vitalista, positiva, que ensalza los valores del individuo. Proclamó en infinidad de conferencias y en la intimidad de su círculo ser gran admirador de los estoicos y de la filosofía estoica. Fue un profundo defensor del abolicionismo y por lo tanto luchó contra la esclavitud de su país y apoyó de manera personal a Lincoln. La influencia de Emerson llegó a Nietzsche y el concepto de *vital forcé* influyó de manera clara en Bergson y su *élan vital.*

DAVID THOREAU
(1817-1862)

Escritor, poeta y filósofo americano adscrito al trascendentalismo americano, con una vida enteramente estoica, tanto en sus principios filosóficos como en sus vivencias. Estudió en el colegio de Harvard cuando aún no se había convertido en la famosa universidad. Después de varias experiencias en la docencia y tras montar su propia academia en su ciudad natal de Concord, se produce un hecho determinante en su vida: conocer al filósofo americano Emerson. Emerson entabla con él una intensa relación de amistad y es su mentor, el que le introduce en el trascendentalismo americano, a la par que le conecta con múltiples personajes de interés del pensamiento y la literatura americana de la época, como N. Hawthorne o W. Whitman. Emerson consigue que Thoreau colabore con el periódico *The Dial* escribiendo ensayos y columnas de opinión. Emerson le insta a escribir un diario y de este extrae mucho material para sus escritos en el periódico. La primera anotación en su diario es del 22 de octubre de 1837. Este hecho determinó toda la vida posterior de nuestro hombre, que pasó a la historia por sus diarios. En 1841 Emerson le ofrece ser tutor de sus hijos y se marcha a vivir con el filósofo. Y así se convierte no solamente en tutor, sino que le sirve de jardinero y persona de mantenimiento de la casa. Más tarde, Thoreau volvió a Concord para trabajar en la fábrica de lápices de su familia, tarea que realizó durante muchos años. Consiguió algunas innovaciones en la utilización del grafito y la arcilla, y mejoró la fabricación de los lápices. En 1845, después de un intenso periodo de reflexión, decide el 4 de julio marcharse a unos terrenos de Emerson a las orillas del lago Walden. En aquel bosque construye una cabaña con sus propias manos y permanece en aquel retiro voluntario en un intenso proceso de autoconocimiento y reflexión. Sigue con la escritura de su diario y observa la naturaleza y su propio ser. En este aislamiento vivió dos años, dos meses y dos días. Al poco tiempo de estar allí, se encontró con el recaudador de impuestos, que le reclamó los seis años de impuestos atrasados. Thoreau se negó, alegando su decidida negativa en la guerra mexicano-americana y su negación a la esclavitud. Esta situación le llevó a la cárcel, de la cual salió reforzado en su idea de que el ciudadano, como si fuera un Sócrates moderno, puede enfrentarse al poder y el gobierno a través de su conducta ética y firme. Comenzó a dar conferencias y a escribir sobre los derechos del individuo y el autogobierno: "Cualquier hombre que tenga más razón que sus prójimos ya constituye una mayoría de uno". Promulga la vida frugal y estoica. Escribe uno de los ensayos más conocidos, *Desobediencia civil*. Este texto influyó de manera directa en el pensamiento y obra de León Tolstoi y Gandhi y su movimiento de desobediencia civil contra el Imperio británico. En 1854 publicó su obra más conocida, *Walden o vida en los bosques* en la que escribió las observaciones, percepciones y reflexiones que tuvo durante su retiro voluntario en la cabaña de los bosques de Concord. Después de la escritura de este importante libro para la literatura universal, siguió apasionandose por la naturaleza, realizando y escribiendo observaciones naturistas sobre botánica, ornitología, meteorología, etc. Fue un gran entusiasta de los viajes y las

exploraciones y un ávido lector de los grandes exploradores. En una actitud muy similar al gran Julio Verne dijo:
"Hay que vivir en casa como un viajero". Thoreau murió
de tuberculosis a los cuarenta y cuatro años, después de
una larga enfermedad que le dejó muy débil. Afrontó la
muerte con serenidad estoica y consciente de su fallecimiento inminente. Revisó meticulosamente todos sus
diarios. Murió susurrando: "Ahora viene buena navegación… alce… indio". Thoreau es una figura apasionante
por sus matices, por sus observaciones y por la riqueza de
su pensamiento, pero sobre todo era un hombre sencillo
que vivió como un estoico, armonizando su naturaleza
con el entorno natural que le acogió.

Debo confesar que en mi mesita de noche siempre duermen conmigo las *Meditaciones* de Marco Aurelio y los
Diarios de Thoreau. Junto a nuestro próximo protagonista, son los que han marcado profundamente mi vida
personal.

VIKTOR FRANKL
(1905 - 1997)

Frankl es uno de los más eminentes psiquiatras de la
historia. Fue el creador de un innovador método terapéutico nacido de su propia experiencia vital denominado
logoterapia. Frankl era austríaco de origen judío. Su padre,
que fue ministro de Asuntos Sociales, le inculcó desde
niño el compromiso social y los valores socialistas. Estudió
medicina en Viena y se especializó en neurología y psiquiatría. Ejerció en el hospital general de Viena y más

tarde en el hospital Rothschild hasta el año 1942. En septiembre de 1942 toda su familia, junto con su reciente esposa, fue deportada al campo de concentración de Thresienstadt, en Praga. Hasta su liberación en 1945 transita por Auschwitz y Dachau y sale milagrosamente vivo de ellos. Durante ese tiempo nunca logró volver a ver a ningún familiar, ni a sus padres, ni a sus hermanos, ni a su esposa. Esta dura e impactante experiencia marcó toda la vida de Frankl, que no solo le convirtió en el afamado psiquiatra reconocido en todo el mundo, sino que le hizo tener una actitud estoica ante la vida. De regreso a Viena ejerció la psiquiatría y la docencia en la Universidad de Viena hasta fallecer. Su fama traspasó el Atlántico: fue profesor también de varias prestigiosas universidades como Harvard o Stanford. Frankl legó a la posteridad múltiples obras de psiquiatría, ensayo y filosofía, pero entre todas ellas destaca su célebre *El hombre en busca del sentido,* publicado en 1946. Frankl lo escribió como un descargo de conciencia y ante la necesidad de plasmar en él todos los horrores y vivencias del holocausto judío. Algunos críticos dicen que fue escrito en una sola noche, ante la presión psicológica que sentía su autor. En él narra de primera mano las vivencias en un campo de concentración, todo ello con agudas anotaciones y observaciones psicológicas sobre el comportamiento de los verdugos y de los prisioneros. Uno de los mayores intereses que tiene este libro es que fue el origen de la técnica terapéutica existencial creada por Frankl, la logoterapia. Podemos ver cómo hombre y obra se mezclan en una unidad indivisible y cómo la obra terapéutica nace de la propia vivencia del hombre. Un canto a la libertad y un relato ejemplar fundado en principios estoicos puestos en marcha en el día a día de la terrible realidad de un hombre privado de libertad al que lo único que le queda es su propia libertad interna. En la actualidad está considerado uno de los libros más influyentes en Estados Unidos y el resto del mundo. En mi caso concreto, puedo afirmar que este libro y su autor trasformaron mi vida y me ayudaron a ser lo que soy.

PIERRE HADOT
(1922-2010)

Ha sido uno de los filósofos y estudiosos del mundo clásico más importantes. Se especializó en estoicismo y neoplatonismo. Su docencia ha estado vinculada especialmente a la Escuela de Estudios de Ciencias Sociales y al Colegio de Francia. Sus primeros intereses recayeron en la filosofía de Wittgenstein (fue su primer traductor e introductor en Francia), pero su gran dominio de las lenguas clásicas le llevó a ser un gran traductor y conocedor del mundo grecorromano. Hadot ha aplicado a su vida personal los principios filosóficos, en la creencia de que la filosofía es una herramienta para llevar una buena vida. Su lectura reactualizada de los clásicos nos evidencia que la filosofía académica, rebuscada y alejada de la realidad y la vida, está muerta y que solo la búsqueda del origen de los principios filosóficos y la vida vivida según ellos es lo que nos hace crecer como humanos. Hadot ha sido uno de los grandes conocedores del neoplatonismo, como pone en evidencia su gran obra *Plotino o la simplicidad de la mirada*. Pero si destaca en algún campo es en el estudio del estoicismo y su visión de los ejercicios prácticos de los pensadores que hemos ilustrado en este libro. Sus estudios de Marco Aurelio con el libro *La ciudadela interior* y de Epicteto en su *Manual para la vida feliz* son unos libros clásicos que reactualizan al lector contemporáneo el pensamiento de los clásicos. Hadot es con toda probabilidad la voz más autorizada en estoicismo no solo por sus estudios académicos, sino por el uso personal que hizo de este pensamiento.

JAMES BOND STOCKDALE
(1923-2005)

Personaje no demasiado notorio pero que merece la pena conocer. Oficial del Ejército americano, fue hecho preso durante la guerra del Vietnam y permaneció en Hanói durante ocho años en privación absoluta de libertad. Bond había leído en la academia militar el libro *Enquiridión* de Epicteto y había quedado impactado por la simplicidad y grandeza de sus ideas y su aplicación práctica. Cuando fue hecho preso, rememoró este texto y aplicó paso a paso con escrupulosa ordenación y sistematización todos los principios estoicos para que su mente sobreviviera en el campo de concentración. Los relatos de Bond son bastante similares en este sentido a los de Victor Frankl, pues consigue una fuerza y libertad interior inauditas aplicando los principios estoicos. Torturado en innumerables ocasiones y a punto de perder la vida en otras tantas, lidera la resistencia de los presos y establece un sistema de comunicación entre estos para fomentar su relación y hacerse más fuertes. Su hazaña es digna de elogio. Después de liberado, el vicealmirante Bond enseña en la escuela militar y en diversas universidades la aplicación práctica de los principios estoicos en condiciones de vida extremas. En el año 1992 se presenta como candidato a la vicepresidencia de los Estados Unidos, pero no consigue la victoria.

ERLING KAGGE
(Noruega, 1963 - presente)

Es uno de los más famosos exploradores noruegos, conocido por haber conseguido el desafío de los "tres polos", es decir, haber llegado al Polo Norte, al Polo Sur y haber conseguido coronar la cima del Everest. Kagge fue el primer hombre en caminar solo hasta llegar al Polo Sur. En 1990 llegó sin ningún apoyo al Polo Norte. Su vida, su actitud y su apariencia son la de los clásicos hombres de la exploración ártica: curtido, fuerte y de mente estoica. Kagge estudió filosofía y en el año 1996 fundó en Oslo la editorial Kagge Forlag, que ha terminado por convertirse en la más prestigiosa editorial del país. Amante del arte y gran coleccionista, combina en su vida los negocios, el arte y la exploración de los territorios árticos. Pero ante todo y sobre todo es un hombre de vida estoica, como ha puesto en evidencia en sus múltiples libros, entre ellos *El silencio en la era del ruido, Caminar, las ventajas de descubrir el mundo a pie y Filosofía para exploradores polares.*

Vivir una vida estoica

"Algunas veces incluso vivir es un acto de coraje".

Séneca

Vamos concluyendo este breviario sobre el estoicismo, que pretende ser una pincelada tenue en el gran lienzo del pensamiento humano, para poder motivar y estimular la curiosidad del lector a profundizar en una antigua sabiduría que es más actual que nunca. El estoicismo está de moda y volverá a ocultarse a los ojos humanos para aparecer con nuevos ropajes, nuevos modos y nuevos autores que lo reactualicen. Así son las corrientes imperecederas de las ideas y pensamiento de la humanidad. Mi pretensión no es convencer sobre la importancia y las bondades de una forma de pensar, sino marcar un camino que pueda ser de interés para el lector. No tengo la pretensión de convertir en filósofo al paciente lector, ni tampoco imbuirle de múltiples ideas para conversaciones de salón y tertulia. Mi única finalidad es mostrar una forma de ser y estar en el mundo que existió, existe y existirá, y que sea adoptada por el lector si le viene bien, quiere y encaja con su forma de ser. El lector es muy libre de leer este libro como un libro más de filosofía, autoayuda, e incorporar el conocimiento que le ofrece a su acervo cultural, o por el contrario investigar más en esta rica forma de pensar, leer textos más cultos y completos que este y hacerse un "estoicismo a la carta". No se es estoico por leer mucho sobre estoicismo ni tampoco por realizar los ejercicios que relata este libro; se es estoico cuando se mantiene una actitud y forma de ser adecuada a unos principios.

Hoy en día más que nunca debemos adquirir una forma de ver la existencia. El ser humano recrea de manera continua su mundo, el cosmos y la vida en general. Esta cocreación del mundo estará tamizada y condicionada por la forma de ser y afrontar la existencia humana. Cada uno decidimos con total libertad cómo queremos afrontar la vida, cómo queremos vivirla y qué queremos hacer con ella. Como hemos expresado en este libro, la vida es una gran obra de arte que debe de ser vivida con intensidad, pasión, ternura, compasión y consciencia. Hay que embellecer cada acto de nuestra existencia, como si cada uno fuera una realidad en sí mismo, como si cada uno fuera una gran obra de arte que puede ser contemplada y disfrutada por los que nos rodean.

La persona estoica no va promulgando a los cuatro vientos que es un estoico, ufanándose y pavoneándose, sino que es prudente, discreta y pasa por la vida como una ligera brisa, casi de manera imperceptible. No hay que parecer muy duro, adusto y ascético; no debe fortificarse en duras pruebas de resistencia y resiliencia para demostrarse a sí mismo que está forjado del más duro metal. La persona estoica es sensible y tierna, y su compasión alcanza a todos los seres vivientes. Ser una persona virtuosa es garantizar una estructura psicológica y espiritual que te hace adoptar sabiduría, templanza, valentía, justicia y mucho amor a la Vida, con mayúsculas.

La persona estoica está en una continua observación y revisión de sus actos y de su vida, como si de una película dramática se tratara. Su material de aprendizaje es la vida misma y trata de incorporar cada aprendizaje, cada emoción y cada atisbo de la eternidad a la suya propia, para poder afirmar con rotundidad que vive más cerca de la Realidad, más cerca del Logos, más cerca de la Vida, más cerca de Dios.

La persona estoica es educada, amable y tranquila. Desde su atenta observación de sí mismo y del entorno que le rodea, en un total anclaje en el presente del aquí y ahora, vive su vida con plenitud, con gusto, con pasión, con independencia de lo que le acontezca, de la apariencia de las cosas. El estoico es un buscador de sí mismo, de la Verdad, un cincelador de la vida que trata de pulir cada arista y cada rugosidad del mármol de su personalidad.

No es difícil tener una actitud estoica, solo hay que tener la actitud y la volición para decir: "Hágase". El estoico no rumia y procrastina sus pensamientos y acciones, solo vive y vive mucho. Me gusta mucho utilizar la expresión "surfear la vida", en clara alusión a la actitud flexible y dúctil que tenemos en la cotidianidad de la vida.

Pero si algo caracteriza a la vida de una persona estoica es el amor, el amor a la vida, a la humanidad y al cosmos; el respeto sagrado por la vida y por los demás compañeros de viaje, indistintamente del reino al que correspondan, mineral, vegetal, animal, humano o divino. Ese amor que todo lo impregna y que se convierte en el pálpito de la existencia. El amor nos hace libres y el amor nos lleva a una existencia plena en la que la muerte deja de existir y los pequeños acontecimientos de la existencia son átomos en la complejidad e infinitud de la urdimbre del universo. Decía en los años sesenta del pasado siglo el filósofo contracultural Alan Watts: "Dios se mira a sí mismo a través de la mirada del hombre". ¡Qué suerte tenemos de que la vida nos haya incardinado en la existencia para poder disfrutar del mayor espectáculo del mundo: la vida!

Me gustaría terminar con un apunte biográfico a modo de declaración de intenciones y por mera honestidad con los lectores que hayan tenido la amabilidad de llegar hasta aquí. Al fin y al cabo, ni soy ni pretendo ser un filósofo, sino que mi única intención es ser un humilde mortal que quiere señalar un camino que otras colosales mentes han marcado de una manera más brillante y genuina que yo. Me gustaría que estas breves palabras den soporte y coherencia a todo lo narrado anteriormente y, en cierto modo, justifiquen el porqué de mi actitud.

Si tuviera que definirme, diría que soy un buscador y un cuentista. Desde mi más tierna infancia he buscado la sabiduría y el conocimiento. Cuando en un libro ilustrado contemplé el rostro de Sócrates y Platón, me dije que quería ser como ellos. Ellos tenían luz, porque estaban cerca de la verdad. Eran su ética y su forma de ser, más que su comportamiento, lo que más atracción me producía. Era muy importante conocer el mundo, la vida y tratar de dárselo a conocer a los demás, para ayudarles en su acercamiento a la verdad. Por eso la enseñanza, la docencia y la actitud de compartir siempre han sido una guía en mi camino. Y es aquí cuando lo entronco con ser cuentista, porque he ido edificando una narrativa de mi vida sustentada por el mito del héroe. Toda mi existencia ha estado marcada por el destino y la providencia. Mi avidez por buscar me ha llevado a muchos y recónditos lugares del pensamiento y del espíritu humanos: estudiar la psique humana, la filosofía y las grandes tradiciones espirituales, desde el cristianismo, al sufismo, pasando por el budismo, el yoga y el taoísmo. Todo ello me ha seguido aportando una información y un conocimiento que he ido destilando año a año, paso a paso. Pero en este último recorrido de mi vida y cuando entro en la cumbre de la madurez, es aquí y solo aquí cuando hecho la vista atrás, cuando contemplo lo que he recorrido y dónde me hallo. En esta etapa de la madurez, cuando como decía Carl Jung el hombre ha formado familia, ya no tiene que luchar para sobrevivir y su camino está recorrido en casi toda su extensión, es aquí cuando vuelvo mi mirada hacia mí, hacia adentro, y contemplo quién soy, en qué me he convertido y qué he hecho con mi vida y con las vidas de los demás. En este punto me encontraba cuando la vida, sin querer darme cuartel, me sacudió con un serio revés, o mejor diría, con varios duros reveses. Cuando todo estaba tranquilo, cuando todo parecía que estaba en calma, la vida aún reservaba otras sorpresas que agitarían mi existencia. Fue entonces y solo entonces cuando pude constatar que todas mis lecturas, todo mi conocimiento libresco y todas las tradiciones espirituales por las cuales había sido nómada de la existencia, poco servían ante la vida descarnada, dura y contundente. Es aquí cuando apareció el estoicismo que había dejado olvidado en los libros del colegio y del instituto. Como si hubiera sido una cabriola del destino, volvió a mí con más fuerza esa imagen de Sócrates y Platón de mi infancia, y decidí adoptar una actitud, una forma de ser, unos principios y un modo de vida que me llenará de amor, compasión y comprensión.

Esta plena experiencia es la que me trae ante ti, querido lector, para poder compartir esta curiosa y particular forma de ser y estar que es el estoicismo. Si vives con amor y pasión, si eres respetuoso y tolerante, si la reflexión lógica es tu guía, si eres valiente en los momentos de tribulación, si eres observador y atento, si te gusta meditar, si no temes a la muerte, si crees que el cosmos, la vida y la existencia están animadas por una extraña fuerza que todo lo recorre y tu misión es ponerte en contacto con ella para fluir y vivir acorde con ella, entonces, querido lector, eres estoico.

EDITATUM

Libros para crecer

www.editatum.com